ZHONGGUO CHUBANWU CHUKOU
QIANLI YU DUICE YANJIU

中国出版物出口
潜力与对策研究

付海燕 刘松 著

知识产权出版社

全国百佳图书出版单位

图书在版编目（CIP）数据

中国出版物出口潜力与对策研究 / 付海燕，刘松著. —北京：知识产权出版社，2017.8
ISBN 978-7-5130-5094-4

Ⅰ.①中… Ⅱ.①付… ②刘… Ⅲ.①出版物－出口贸易－研究－中国 Ⅳ.①G239.21
②F752.68

中国版本图书馆CIP数据核字（2017）第211574号

内容提要

本书在详细梳理中国出版业出口贸易现状及存在问题的基础上，运用理论分析和实证分析相结合的方法，深刻剖析了影响出版物出口贸易的主要因素，并通过所构建的发展中国家或地区出版物出口贸易决定方程对中国出版物出口潜力进行了测算，最后借鉴英国、美国、法国、日本、韩国五国出版业出口贸易经验，提出了推动中国出版业出口贸易发展的对策建议。

责任编辑：李　娟　　　　　　　　　　　　责任出版：孙婷婷

中国出版物出口潜力与对策研究
ZHONGGUO CHUBANWU CHUKOU QIANLI YU DUICE YANJIU

付海燕　刘　松　著

出版发行：知识产权出版社 有限责任公司	网　　址：http://www.ipph.cn
电　　话：010－82004826	http://www.laichushu.com
社　　址：北京市海淀区气象路50号院	邮　　编：100081
责编电话：010－82000860转8689	责编邮箱：66450355@qq.com
发行电话：010－82000860转8101	发行传真：010－82000893
印　　刷：北京中献拓方科技发展有限公司	经　　销：各大网上书店、新华书店及相关专业书店
开　　本：720mm×1000mm　1/16	印　　张：10.25
版　　次：2017年8月第1版	印　　次：2017年8月第1次印刷
字　　数：145千字	定　　价：48.00元
ISBN 978-7-5130-5094-4	

前　言

　　2002年11月，党的十六大正式提出将"文化走出去"作为国家"走出去"战略的重要组成部分，并将传播当代中国文化，增强中国特色社会主义文化吸引力、感召力作为重要内容。作为文化产业重要组成部分和国家文化传播的重要载体，中国新闻出版业随之于2003年1月提出新闻出版"走出去"战略，并陆续出台了一系列推动新闻出版业"走出去"的重大举措。

　　出口贸易是新闻出版业"走出去"战略的重要形式之一，近年来中国在国际出版贸易中取得可喜成绩。在人民币升值、数字产品冲击和金融危机等外部环境极为不利的情况下，新闻出版行政管理部门适时放开出版物出口权限，调动各种所有制企业出口积极性，实施"中国出版物国际营销渠道拓展工程"，出版物实物产品出口持续增长，2014年图书、报纸、期刊和音像制品等出版物实物产品出口金额累计达到5 677.38万美元。出口区域范围也逐渐由亚洲、北美洲和欧洲不断向非洲、大洋洲和南美洲扩大。伴随"一带一路"战略的逐步实施，中国同沿线国家的经济合作与文化交流必将日益增强，出版业海外市场前景将更为广阔。

　　但是客观分析中国出版业"走出去"现状不难发现，目前中国是出版大国而非出版强国，主要问题表现在出版物国际竞争力水平低和贸易逆差两个方面。为更好地推进中国出版"走出去"战略，使中国出版物出口贸易在实现规模扩展、结构优化的同时进一步提升出版物国际竞争力，迫切需要开展以下三个问题的研究。一是从市场因素和非市场因素两个层面深刻剖析影响出版物出口贸易的主要因素；二是对中国出版物出口潜力进行合理测算；三是借鉴出版强国"走出去"经验对中国出版"走出去"提供参考。关于这三个问题，本研究在借鉴文化贸易前沿研究成果的基础上，从理论层面分析了出版物出口贸易影响因素，并利用我国出版业统计和联合国商品贸易统计两个渠道的数据资料做了实证分析，得出了发展中国家出版物双边贸易流量决定方程，进而实现了对中国出版物出口潜力的测算目标。研究发现，影响中国出版物出口贸易的市场因素有文化差异、出版业市场化程度、出版企业发展和商业运作等，我国出版制度体系不完善与出版企业自身发展局限性对我国出版物出口贸易有一定阻碍作用；影响中国出版物出口贸易的非市场因素有文化贸易壁垒和出口政策，各国出于保护本国文化产业优势地位和维护国家文化安全所采取的贸易保护措施形成了文化贸易壁垒，反过来基于相似目标又会制定出口补贴政策促进文化贸易出口，这是全球出版物贸易的共性问题。

此外，本研究选取英国、美国、法国、日本和韩国出版业作为案例加以分析。其中英国出版业出口贸易比较成熟的经营之道在于完善的版权运作体系、专业化出版树立国际品牌、全球化贸易视野等方面；同为亚洲国家的韩国迅速成为出版界后起之秀，其成功经验则主要包括通过政府扶持、提高出版产业竞争力、"一源多用"的出版产业发展模式、数字出版业快速发展等方面。

最后，本研究从国家、行业、企业三方面提出推动中国出版业出口贸易发展的对策建议。国家层面主要包括完善政策、健全法律、加大财政补贴力度、深化出版企业改革，从顶层设计方面提升出版物国际竞争水平。行业组织层面主要包括完善版权代理制度、搭建平台、促进合作等。出版企业层面包括拓展引力型出口区位（如非洲及南美洲"蓝海"市场）、提升出版物质量、加强人才队伍建设、推动出版业集团化发展、数字化发展等具体措施。

北京印刷学院传媒经济与管理专业硕士研究生刘松、闫蓉蓉共同参与了本研究，在资料收集整理与数据分析方面做了大量工作。本书出版获北京市教委项目（项目编号：SM2013100015004）资助，得到知识产权出版社于晓菲老师的大力支持，在此一并表示感谢。

付海燕

2017年5月

目　录

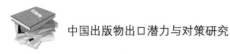

第1章 导 论

1.1 研究背景

1.1.1 中国出版"走出去"战略提出

在全球经济一体化和中国加入世贸组织的背景下,中国经济迅速走向世界,融入国际市场,并发展成为世界第二大经济体。与此同时,中国经济发展日益呈现诸多问题,如世界范围内的政治文化影响力小、缺乏国际话语权、经济结构发展不合理等。为了提升中华文化影响力,增强文化软实力,中国政府大力倡导"文化走出去"战略。作为"文化走出去"的重要组成部分和社会主义核心价值体系的重要载体,中国新闻出版业提出"走出去"战略,并陆续出台了一系列推动出版业"走出去"的重大举措。

2003年1月15日在北京召开的全国新闻出版局局长会议上,新闻出版总署署长石宗源提出了推动中国新闻出版业进一步发展的"走出去"战略,号召和鼓励国内出版业加快对外开放步伐,鼓励外向型出版单位特别是实力雄厚的出版集团去海外发展。同年,中国全面启动了旨在资助海外出版机构翻译和出版中国图书的"金水桥计划"。

2004年下半年,国务院新闻办公室与新闻出版总署共同启动了以"向世界说明中国,让世界各国人民更完整、更真实地了解中国"为宗旨的"中国图书对外推广计划",以资助翻译费的方式鼓励海外出版机构翻译、出版中国图书。

2006年年底，新闻出版总署公布了《新闻出版业"十一五"发展规划》，提出积极实施中国新闻出版业"走出去"战略，指出以国际汉文化圈和西方主流文化市场为重点，大力推进出版物"走出去"、版权"走出去"、新闻出版业务"走出去"和资本"走出去"，努力提高中国出版的国际竞争力和中国文化的国际影响力。

2007年3月，新闻出版总署副署长柳斌杰在"中国图书对外推广计划"工作会议上提出了鼓励中国出版业"走出去"的八大政策，即规定凡是实施中国出版业"走出去"战略的图书或者是列入"中国图书对外推广计划"的图书出版时所需要的书号不受数量上的限制；国内大型出版单位申办图书出口权时给予大力支持；鼓励国内出版机构创办面向海外市场和海外读者的内容各异、形式多样的外向型外语期刊；制定与"鼓励和扶持文化产品和服务出口的若干政策"相互配套的有关文件；外向型出版企业、出版工程项目需要信贷资金支持时积极协调国内相关金融机构给予帮助和配合；提供更多的政府资金，竭力办好国际书展，努力打造形式多样的中国图书对外推广平台；继续向"中国图书对外推广计划"提供资金支持；适时、积极地表彰和奖励在中国图书"走出去"方面取得显著成绩的出版集团和出版社。

2007年4月11日，文化部、商务部、外交部、新闻出版总署、广电总局及国务院新闻办共同发布了《文化产品和服务出口指导目录》，其宗旨是发挥中华文化的传统优势，支持和鼓励文化企业积极参与国际竞争，提高它们的国际竞争力，带动中国文化产品和服务的出口。

2009年，国家在"中国图书对外推广计划"的基础上又全面推动"中国文化著作翻译出版工程"，以资助系列图书产品的出版为主，采取政府资助、联合翻译出版、商业运作发行等方式资助书稿的翻译费用和图书的出版及推广费用。2009年10月，为了支持和鼓励适合海外市场读者需求的外向型图书的出版，新闻出版总署正式启动"经典中国国际出版工程"，采用项目管理方式资助外向型优秀图书选题的翻译和出版，资助范围涉及社会科学、自然科学、文学、语言、艺术、少儿等领域优秀图书的选题，以中国经典传统文化和反映当代中国政治、经济、文化、科技和社会等方面发展变化为主要内容的精品图书为主，重点资助"中国学术名著系列""名家名译系列"两大子项目工程。

2010年12月9日，为了贯彻落实国务院制定的《文化产业振兴规划》，提高中国出版物的国际市场份额及国际影响力，开拓中国出版物国际营销渠道，使中国图书更快捷地走向世界，新闻出版总署正式实施"中国出版物国际营销渠道拓展工程"。该工程包括"国际主流营销渠道合作计划""全球百家华文书店中国图书联展""跨国网络书店培育计划"三个子项目。

2011年4月20日，新闻出版总署正式对外发布《新闻出版业"十二五"时期走出去发展规划》，提出通过大力推动版权走出去、数字出版产品走出去、实物产品走出去、印刷服务走出去、新闻出版企业走出去，拓宽走出去国际营销网络，构建走出去人才体系，最终形成新闻出版业走出去的新格局，使我国新闻出版业的国际竞争力和影响力显著增强。并从加强财政金融税收支持、优化资源配置、实施重点工程、强化会展平台、加强信息服务、改进统计指标、培育中介机构、加强人才培养、完善奖励机制和加强组织领导十个方面提出了切实可行的保障措施。实施的重点工程包括：经典中国国际出版工程、中国图书对外推广计划、数字出版产品走出去工程、中国出版物国际营销渠道拓展工程、重点新闻出版企业海外发展扶持计划、边疆地区新闻出版业走出去扶持计划、两岸出版交流合作项目等。

2012年1月9日，为落实《新闻出版业"十二五"时期发展规划》和《新闻出版业"十二五"时期走出去发展规划》，新闻出版总署发布了《关于加快我国新闻出版业走出去的若干意见》，提出了更为具体的新闻出版走出去主要目标和重点任务，制定了10大板块50条扶持政策。

2013年9月与10月，习近平总书记先后提出建设"丝绸之路经济带""21世纪海上丝绸之路"战略构想，即"一带一路"倡议。为配合"一带一路"倡议的推进，国家新闻出版主管部门加大向"一带一路"沿线国家的"走出去"扶持力度，2014年12月"丝路书香出版工程"进入国家"一带一路"倡议重大项目。

1.1.2 中国出版"走出去"内涵与模式

2011年出台的《新闻出版业"十二五"时期走出去发展规划》对新闻出版走出去内容进行了明确界定，即推动版权、数字出版产品、实物产品、印刷服务、企业和资本走出去，形成了版权输出、数字出版产品出口、实物出口、印刷服务出口、企业走出去五种形态。从经济学角度来看，新闻出版走出去实质是：出版业通过贸易式、契约式、投资式等不同方式将产品或服务推向国际市场的一种过程，因此出版走出去模式主要包括出口贸易（包括数字出版产品、实物产品、印刷服务贸易）、版权贸易和海外直接投资三种。

出口贸易是指新闻出版企业将在国内编辑出版完成的成品图书、报纸、期刊、数字出版产品等出版物及服务以国际贸易形式直接出口到东道国，是中国出版"走出去"的最传统路径。其中，出版物出口贸易是中国出版"走出去"最简单直接的模式，通过这种模式可以在低成本情况下将出版物市场由国内市场推广到国外市场，但进入国外市场时不可避免地会受到各种贸易或非贸易壁垒的限制，同时可能会遇到汇率风险。此外，这种模式最大的弊端在于受众群体有限。由于国内出版企业很难及时把握国外出版物市场的读者需求信息，因此无法及时调整出口品种和数量。

版权贸易是指国内出版企业通过签订许可或转让合同将版权授予国外出版机构的一种活动形式，是新闻出版走出去的另一主要路径。通常来讲，版权贸易是风险最小的"走出去"方式，既可以有效回避贸易壁垒和投资限制，也无须国内出版企业进行投资和管理，所以不存在投资风险，但是经济收益相对较低。此外，由于国内出版企业不参与版权输出出版物在海外的生产制作和发行过程，所以很难控制产品质量，也不能及时了解市场反馈信息，因而该模式不利于出版物品牌的形成和推广，对推进其他出版物"走出去"作用有限。

伴随出版国际化的深入，具备一定规模和实力的出版企业开始走出国门，积极进行海外直接投资。根据经济合作与发展组织（OECD）外国直接投资基准定义第4版（FDI 4），外国直接投资反映一个经济体的常住单位（直接投资者）从另一个经济体的常住单位（直接投资企业）获取持久利益的行为。获取持久利益意味着直接投资者与直接投资企业之间存在长期关系，并对直接投资企业的管理具有显著的影响力和控制力。海外直接投资是出版企业在海外设立分支机构或分公司进行从选题策划、产品制作到发行营销等一系列本土化运作的投资方式。海外直接投资的具体方式主要有新建或绿地投资（greenfield investment）和跨国并购（cross-border mergers and acquisitions，M&A），其中绿地投资是指国内出版企业在东道国投资兴建出版分支机构或分公司直接进行本土化经营运作的投资方式；跨国并购则是指国内出版企业通过接管或合并东道国现有出版企业拥有其控制权的投资方式。海外直接投资是中国出版走出去的高级模式，与出口贸易、版权贸易相比具有特定优势。首先，海外直接投资可以绕过投资东道国的出版物贸易和版权贸易壁垒，直接利用东道国人才资源和管理理念在当地实行本土化经营，成功推动中国出版进入东道国市场；其次，国内出版企业对海外直接投资所形成的分支机构或分公司具有更大的经营管理控制权，对分支机构或分公司的选题策划、产品制作、发行营销等一系列生产经营活动的本土化经营可以进行灵活控制，同时可以更方便地收集东道国出版机构信息、出版物出版信息和读者需求信息等，便于中国出版做大做强，提高国际竞争力。但是海外直接投资也具有投资大、风险高、对经营管理能力要求较高等劣势存在。

实际上，除出口贸易、版权贸易、海外直接投资三种模式之外，国际合作出版也是新闻出版走出去的另一种常用模式。所谓国际合作出版是出版机构与国外出版机构或其他出版关联机构相互协作完成出版流程的活动形式。国际合作出版形式最初主要应用于出版引进，随后出版企业逐步意识到中外出版机构在出版物选题策划、制作和发行渠道方面有较大合作空间，因而成为一些出版集团或出版社实施"走出去"战略的创新路径。相对于出口贸易和版权贸易两种模式，国际合作出版超越了贸易双方纯粹的货币交易，在经济活动中更强调协同或互补，可以在与国外出版机构的合作过程中学习国外出版机构的经营理念和市场运作方式，了解国外出版物市场发展的宏观环境、市场结构和消费者需求等信息，为国内出版机构真正"走出去"、在国外市场实行本土化经营提供必要的前期准备。

1.2 研究范围

出版业，国内大多数著作将其定义为出版事业或者出版行业。从广义方面来讲，出版业包括出版企业与管理部门，即出版企业单位（包括印刷、出版、发行等）、出版行政管理机关、出版事业单位（包括研究部门、出版教育等）；从狭义方面来讲，单指出版企业。与中国对出版业定义不同，西方国家较少采用"出版事业"的说法，一般称其为"出版商""出版业"等。

根据《新闻出版业"十二五"时期走出去发展规划》，新闻出版业走出去包括版权走出去、数字出版产品走出去、实物产品走出去、印刷服务走出去、新闻出版企业（资本）走出去五方面内容，其中出口贸易是中国出版业"走出去"战略的重要组成部分。本项目研究的范围是中国出版业出口贸易中的出版物实物出口贸易，主要包括图书、期刊、报纸、音像出版物、电子出版物等出版物突破国内出版发行的限制因素，通过出口交易形式走向海外市场的行为。

我国出版业出口贸易统计主要涉及图书、期刊、报纸、录音、录像、电子出版物和数字出版物等出版物出口数量和金额的统计及图书、录音制品、录像制品、电子出版物、软件等的版权输出情况。联合国商品贸易统计对出版业进出口贸易的统计范围较大，涵盖印刷的图书、报纸和图片等（49 printed books，newspapers，pictures etc.），分别统计了11类印刷出版物的进出口额，这11类印刷出版物分别是：4901 书籍、小册子、散页印刷品及类似印刷品，不论是否单张；4902 报纸、杂志及期刊，不论有无插图或广告材料；4903 儿童图画书、绘画或涂色书；4904 乐谱原稿或印本，不论是否装订或印有插图；4905各种印刷的地图、水道图及类似图表，包括地图册、挂图、地形图及地球仪、天体仪；4906手绘的建筑、工程、工业、商业、地形或类似用途的设计图纸原稿，手稿，用感光纸照相复印或用复写纸誊写的上述物品复制件；4907在承认或将承认其面值的国家流通或新发行并且未经使用的邮票、印花税票及类似票证，印有邮票或印花税票的纸品；钞票，空白支票，股票、债券及类似所有权凭证；4908转印贴花纸（移画印花法用图案纸）；4909印刷或有图画明信片，印有个人问候、祝贺、通告的卡片，不论是否有图片、带信封或饰边；4910印刷的各种日历，包括日历芯；4911其他印刷品，包括印刷的图片及照片。我国和联合国的出版业贸易统计口径显然不一致，而且难以从联合国贸易统计中分离出图书、期刊、报纸、录音、录像、电子出版物和数字出版物的出口贸易数据。为客观体现我国出版物出口贸易现状和国际竞争力，本研究在分析出版物出口贸易现状时一般采用国内数据，在分析涉及国际对比的出版物国际竞争力和出口潜力时采用联合国商品贸易统计数据。

1.3 研究意义

进入21世纪以来，文化在综合国力中的作用和地位越来越凸显，文化影响力逐渐成为一个国家彰显其地位极为重要的形式之一。美国的好莱坞文化、日本的动漫文化都是构成其国际影响力的重要组成部分。伴随文化进出口贸易的快速发展，我国的文化产业贸易地位也逐渐得到世界多个国家的认可。

全球金融危机爆发以后，国际经济和进出口贸易发展都呈现不同程度的下降过程。2006年世界经济增速为5.5%左右，2008年增速下降到5%左右，2015年增速下降到3.1%左右，全球进出口贸易增速连续4年低于3%。但是，此次危机对发达国家和发展中国家的出口贸易影响程度是不一样的，尤其是2013年之后，发达国家出口贸易形式整体出现反弹趋势，出口贸易增长速度由2.5%增长到目前的3%左右，发展中国家出口贸易增长速度由3.8%下降到2.4%，重要原因是经济发展方式与产业发展结构等方面存在差异。知识密集型产业和服务业成为拉动发达国家经济增长的重要因素。例如，在美国，文化创意产业已经超过航空业成为对外出口贸易第一大产业，其中电影产业占据世界市场约80%的份额；英国文化创意产业在拉动就业方面效果显著，2000—2010年解决就业人口超过10万人；日本的文化产业产值已超过汽车工业，文化产业年产值占到GDP的17%。发展中国家出口贸易之所以迟迟不能反弹，与经济危机之后资源能源出口红利下降、全球贸易结构优化升级而发展中国家难以做出及时调整有重要联系。在此背景下，推动我国出版业出口贸易有重要现实意义。

首先，出版业具有高附加值特点，通过促进出版业出口贸易可以提高

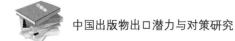

中国出口贸易中第三产业出口贸易的比重，优化中国经济发展结构。同时出版业高知识、高文化的发展特点有助于激发社会生产潜能，提高整个社会的创新能力。其次，当今国际政治话语权主要掌握在西方发达国家手中，中国政治影响力主要停留在亚洲区域范围之内。出版物作为一国对外传播载体之一，中国的意识形态和价值理念通过这种文化产品输入海外市场，潜移默化间可以提升中国国际形象和社会影响力。因而促进出版业出口贸易不仅可以增加中国出版业国际竞争力水平，还有利于提高中国在国际社会中的政治话语权与文化影响力。最后，国外文化价值理念伴随先进的技术和科学的管理不断进入中国市场，其中一些落后腐朽文化不仅阻碍优秀文化的传播，甚至冲击中国现代化建设，危及中国的文化安全。通过出版业出口贸易使中国文化参与到世界交流之中，有利于促进中国文化健康发展。

第2章　相关理论基础与研究综述

2.1　出版业贸易相关理论

2.1.1　"软实力"理论

"软实力"理论起源于西方早期的国力理论。理论产生之初，代表性的古典主义学派积极倡导重商主义和重农主义思想及至近代关注的重点逐步移至民族国家的军事实力。1890年美国学者马汉在《海权对历史的影响》一书中提出了著名的"海权论"思想，指出一个国家的国力体现于军事上的总体实力。第二次世界大战结束后，西方国力理论的研究重心日益转移到精神因素的力量与影响。1966年，法国学者雷蒙·阿隆在《和平与战争国家关系理论》一书中指出，在国际舞台上一个国家权力明确地表现为"把自己的意志强加给其他政治单位的能力"。1980年美国前中央情报局副局长克莱因在《80年代世界权力趋势及美国对外政策》一书中指出，"国际舞台上的实力是一个国家的政府是否具有影响其他国家政府去做它本来不愿意去做某一件事情的能力，或者是使一个国家不敢去做原先跃跃欲试的一件事情的能力，而不管这种影响方式是说服、利诱、威胁甚至明目张胆的诉诸武力"。

1990年美国学者约瑟夫·奈提出了"软实力"理论，指出一个国家的综合国力不仅包括由经济力量、科技力量、军事力量等表现出来的"硬实力"，也包括以文化、意识形态吸引力、政治价值观、民族凝聚力所体现出来的"软实力"。按照约瑟夫·奈的观点,"软实力"是通过文化、价值观念、社会制度、发展模式、生活方式及意识形态等的吸引力而非威逼利诱体现出来的能力,主要存在于文化、政治价值观和外交政策三种资源中,通常包括"文化吸引力""思想/意识感召力""政策影响力""框架约束力""跨国公司控制力"五个基本要素。"思想/意识感召力"是一个主权国家主流价值体系及意识形态主张的基本价值观对国内精英文化阶层及其思想和一般大众文化的领导能力及在世界范围内对主流文化思潮的总体引领力,是决定一个国家"软实力"的关键要素。"政策影响力""框架约束力""跨国公司控制力"是"软实力"影响整个世界的最主要的结构性力量,是一个国家的"思想/意识感召力"在对内、对外政策,国际合作机构及跨国公司中的体现和延伸,体现了一个国家在国际社会和国际关系中设置政治议题、制定统一的国际规则的能力,即使很多其他民族、主权国家愿意遵循与追随这种国际规则与政治议题,愿意以此来约束、协调和规范一切对外活动的能力。"文化吸引力"是一个主权国家通过自己的民族语言和文字、传统文化艺术和科学、民风民俗和宗教信仰等体现出来的国内、国际的影响力,对内表现为民族凝聚力,对外表现为包括精英文化和大众文化的渗透归化力。这种文化影响力不受政府控制,可以通过广泛的传播网络和流行文化对世界各地的文化产生广泛而持久的影响和吸引。约瑟夫·奈认为,"当一个国家(民族)的文化包含普世价值观,其内外政策也推行其他国家认同的价值观和利益观时,由于相互之间吸引力和责任感的关系的建立,这个国家在国际事务中如愿以偿的可能性就会明显增强"。因此"软实力"的五大基本要素是以"价值观"为核心,国内、外政策为价值观实践体现,文化为"价值观与实践总和"的相互联系的整体。"软实力"理论提出之后,人们对"软实力"在国际事务中重要作用的认识越来越清晰,"软实力"受到了越来越多的国家的重视。

胡锦涛同志在党的"十七大"报告中明确指出:"当今时代,文化越来越成为民族凝聚力和创造力的重要源泉、越来越成为综合国力竞争的重要因素""要坚持社会主义先进文化前进方向,兴起社会主义文化建设新高潮,激发全民族文化创造活力,提高国家文化软实力"。"十七大"报告首次明确提出了"提高国家文化软实力"战略思想,表明我们党和国家已经把提升国家文化"软实力"作为实现中华民族伟大复兴的新的战略着眼点。

2.1.2 规模经济理论

规模经济理论最早由亚当·斯密在其著作《国富论》中提出,后来经过马歇尔、张伯伦、罗宾逊和贝恩等学者进一步发展逐渐成熟。规模经济理论指企业经营商品时,随着生产规模和生产投入不断扩大,产出随之扩大,效益由于成本下降而逐步提高,这样就形成了规模效益。

规模经济理论大约经历了以下几个时期。古典政治经济学代表亚当·斯密在《国富论》(1776)中提出包含着论述规模经济效益的最初思想观点。他把分工看作劳动生产率提高的最大原因,同时认为分工又受制于生产规模与市场需求量的大小。而伴随机器大工业时代的到来,规模化生产带来的好处更为明显,其中的原因也越来越引起经济学家的兴趣,如穆勒关于大规模生产的论述和马克思关于协作理论的诞生。穆勒从节约生产成本的角度论述大规模生产的好处,一定意义上讲奠定了规模经济理论的基础。马克思在其协作理论中,研究了与规模经济报酬递增有关的理论问题。马克思比古典经济学家更清楚社会分工和企业内部分工之间的区别,因而更能有力论述企业内部由分工而导致的协作与规模经济之间的关系。1938年,马歇尔第一次明确提出"规模经济"概念,并以此来阐述报酬递增现象。他指出报酬递增是由于企业扩大其不动产而获得了种种新的大规模生产经济,这样在相对低廉的成本的基础上增加了产量。马歇尔还提出了形成规模经济的两种主要途径,即内部规模经济和外部规模经济。内部规模经济主要通过个别企业提高资源利用率实现,外部规模经济主要通过企业间的分工协作扩大经济效益。但是,伴随企业规模不断扩大会逐渐形成垄断，进而破坏价格机制应有的作用，扼杀了自由竞争促进经济发展的原有动力，即"马歇尔冲突"。后来，一些经济学家从交易费用的节约和内部化优势方面探讨组织管理的规模经济，如科斯、张五常、黄有光、威廉姆森和克莱因等把交易费用的节约看作企业产生并存在规模经济的原因。

规模经济包含范围经济、地区集中化经济、城市化经济等不同层次。所谓范围经济就是经济活动在空间上的聚集产生整体效益大于部分效益之和，即1+1>2的效果。规模扩大的形式既可以是单一产品的产量增加，也可能是产品品种的增加。地区集中化经济主要是指由同一行业的企业向特定地区的集中带来的平均成本节约。该层次的规模经济对于单个企业而言是一种外部经济，是企业之间相互影响的结果，而不是由企业内部的力量决定的。城市化经济主要是由于行业之间有时存在外部经济，一个行业的发展通过其前向和后向联系，可能对多个行业降低成本做出贡献。它既可以由一个行业的地区集中化、进而带动其他行业发展（即不平衡发展的方式）实现，也可以通过多个相互关联的行业同时平衡发展的方式实现。

规模经济理论的实现途径通常采用企业间并购经营使其资产、管理能力等方面得到充分利用，提升企业的科技创新能力和服务质量。这一理论在文化产业中的应用比较常见，如好莱坞影视传媒公司的聚合、出版社集团化发展等。但企业间过度聚集或无关联性企业不合理聚集容易造成生产能力下降、生产成本上升等不规模经济现象的出现。20世纪90年代，中国出版业集团化开始酝酿、实施并最终形成热点趋势，倡导出版集团化发展的重要出发点就是力图实现规模经济效应。首先，典型代表是通过出版集团的成立，基于媒体生产、发行、管理等日常经营活动的一致性，实现知识、经验的共享。其次，规模经济表现在投入要素实现多重利用开发。以文化资源为例，一条资源可以多重开发，在报纸上可以呈现为文字消息，在电视上可以呈现为图像新闻，在图书上可以深层挖掘，从而实现其增值。再次，在品牌资源共享及"广告套餐"方面，集团化带来的规模效益也非常明显。鉴于规模经济与范围经济的存在，出版企业应该努力追求实现规模经济效益，但规模经济并非规模越大效益越明显。一般情况下，开始一个企业的平均成本随着规模扩大逐渐降低，但降低幅度会越来越小，超过一定界限后，平均成本开始上升，使企业收益增加幅度小于规模扩大的幅度时，则出现规模不经济现象。所以任何企业都有一个最佳规模的问题，只有最佳规模才能使企业的规模收益最大化。因此，出版企业在追求规模经济时要基于市场需求规模、生产要素供给条件、生产专业化协作水平追求最佳规模。同时，出版企业当前也要积极探索实现范围经济效益，包括横向产品链拓展、纵向一体化及多样化经营。国际大型出版机构的期刊出版模式都经历了从"单刊"到"刊群"的发展过程。这个过程主要方式有商业机构的兼并与收购、专业学术团体合作。商业机构的兼并或收购，扩展了期刊品种，扩充了学科规模、领域，增加了出版及销售优势；与专业协会、科研教育机构合作，提高了期刊集团的权威性。例如，爱思唯尔扩大规模的重要手段是兼并收购其他出版机构或者刊物，借以拓展刊群规模、扩充原先未涉及的学科领域、增加出版及销售优势等。

2.1.3　比较优势理论

比较优势理论由大卫·李嘉图在亚当·斯密的绝对优势理论基础上提出，即同一国家或地区两种商品与另一国家相比都处于弱势，但是这两种商品的劳动生产成本又是不相同的，劳动成本低的商品在国际贸易中处于相对优势的地位。

传统的比较优势理论包括比较成本理论和要素禀赋理论。其中，比较成本理论的逻辑分析是比较优势理论的核心所在，也是传统比较优势理论形成的基石。要素禀赋理论是在比较成本理论基础上做出的延伸，其主要贡献在于分析比较优势的来源。在比较成本理论中，大卫·李嘉图认为国际贸易产生的原因不在于成本的绝对差异，而在于成本的相对差异。即使甲国 A、B 两种产品的绝对成本都比乙国高或低，但只要两种产品的比较成本在两国不一致，仍然会发生国际贸易。这一理论突破了斯密理论中开展国际间贸易的局限性。但在李嘉图看来，比较成本差异的来源主要是劳动生产率的差异，而劳动生产率是外生给定的。20世纪30年代，俄林提出的资源禀赋理论把比较优势形成原因的研究向前推进了一大步。俄林通过资源相对丰裕度决定比较优势的理论，使人们对比较优势的决定因素形成了较为具体的认识。虽然该理论仍然无法逾越比较成本，但是他指明了造成成本差异的原因，正是以一般均衡分析为基础的对比较优势来源的研究把对比较优势理论研究推进到一个新的阶段。

第二次世界大战以后，比较优势理论在实践和理论方面受到了一系列挑战。在实践方面主要包括："里昂惕夫之谜"、比较优势陷阱及产业内贸易等；而在理论方面的挑战表现在：产品生命周期理论、人力资本理论、收入偏好相似理论，这些理论从不同的侧面说明了第二次世界大战后的贸易新现象，推动了贸易理论的发展。面临各方面挑战，比较优势理论激发了诸多经济学家采用新方法、确立新视角，进一步完善这一理论。其中，代表性的理论是动态比较优势理论和技术差距论，这些理论都从供给的角度对其进行了发展和完善。此外，需求相似论和竞争优胜论还从需求角度出发来促进比较优势理论的发展。但是，比较优势理论自身也存在着理论上的弊端，主要原因是该理论成立的前提条件是两国间的两种商品生产成本存在着差异化，如果两种商品生产出现了等优势或者等劣势情况，则该理论缺就少了判断基础。

比较优势理论的提出对于全社会经济发展具有普遍性意义，尤其是该理论作为两国间比较优势差距越大，贸易空间越大的理论依据，有助于促进国际间特别是发达国家同发展中国家之间的贸易合作，这为发展中国家制定合理的对外贸易政策提供了重要的参考依据。在国际贸易活动中，文化的比较优势主要表现在两个方面：一是文化的地域性，即商品和服务中所呈现出来的独特民族地域文化气质和个性，而这种文化比较优势又是增强贸易竞争力的重要力量。二是文化的创新性，即国际贸易中的商品或服务不断呈现出来的高科技文明和时代精神特征。回顾国际贸易的发展历史，文化比较优势一直是推动国际贸易发展的重要力量。事实证明：在现代国际贸易中，无论是货物贸易还是服务贸易，都将加入更多的文化因素，并且大力促进文化产业国际贸易，力图提高本国的国际竞争力水平。

对比世界各国文化产业发展状态，丰富的文化资源、悠久的文化传统和庞大的文化消费市场都是中国发展文化产业的比较优势。其中，具有代表性的意见是中高端劳动力是我国文化产业发展的核心比较优势。传统文化产品和加工文化类产品在文化贸易出口结构中一直占据绝对比重，并且出口市场主要集中在华语市场和东南亚市场。通过深入劳动力要素内部，对劳动力要素进行细分发现，我国文化产业真正的核心比较优势并非大量廉价的普通劳动力，而是中高端劳动力。一方面，我国中高端劳动力数量比较庞大。根据文化部对全国文化系统调查发现，我国文化从业者已超过200万人，其中，中高级职称人数超过15万人，所占比例约为7.5%；另一方面，我国文化产业工作人员薪资待遇水平相对较低。中高端人才的相对成本越低，说明产业发展的比较优势越大。若能将更多的中高端劳动力要素更密集地注入文化产业的生产过程中，那么我国将拥有足够的优势和能力，在全球文化产业格局中争取到与我国发展战略相匹配的地位。

2.1.4　长尾理论

伴随互联网技术的快速发展，贸易活动的时空交易成本不断下降。在计算机应用最广泛的领域，如网络图书音像销售领域，人们发现，即使最冷门的产品也有消费者购买，而这些冷门产品的购买总量已经能与畅销产品的销售量相媲美，长尾理论就在这种背景下诞生了。长尾理论最早由美国人克里斯·安德森于2004年提出，用来描述诸如亚马逊和Netflix之类网站的商业和经济模式。长尾理论颠覆了传统"二八准则"，即产品的生产消费活动不再局限于传统主流形态的企业同顾客之间。因为互联网技术变革带来了商品生产成本的不断下降，人人成为商品生产者和消费者，个性化、零散化、小量化需求成为市场需求曲线"长长的尾巴"。

克里斯·安德森将长尾理论归结为六大主题。第一，在任何市场中，利基产品都远远多于热门产品。而且随着生产技术变得越来越廉价，越来越普及，利基产品的比重仍在以指数级的速度提高。第二，获得这些利基产品的成本正在显著下降。数字传播、强大的搜索技术和宽带的渗透力组合成了一种力量，凭借它，在线市场正在改写零售经济学。现在，许多市场已经有能力供应空前丰富的产品。第三，仅仅供应更多的品种并不能改变需求，消费者必须有办法找到适合他们的特殊需求和兴趣的利基产品。从自动推荐到产品排名，一系列的工具和技术都能有效地做到这一点。这些"过滤器"可以把需求推向长尾的后端。第四，一旦有了空前丰富的品种和用来做出选择的过滤器，需求曲线就会扁平化。热门产品和利基产品仍然存在，但热门产品的流行度会相对下降，利基产品的流行度会相对上升。第五，尽管没有一个利基产品能实现大的销量，但由于利基产品数不胜数，它们聚合起来，将共同形成一个可与大热门市场相抗衡的大市场。第六，当以上几点全部实现，需求曲线的天然形状将会显现出来，不受供给瓶颈、信息匮乏和有限货架空间的扭曲。而且，这种形状受少数大热门的支配程度，远不像我们想象的那么大。相反，它的分布就像人口本身一样分散。长尾理论的本质就是强调"个性化""小众化""小利润大市场"准则，因此其实现路径主要通过寻找个性化需求、细分受众市场、碎片化传播等方式，充分延长市场需求的"尾巴"，以获得较高的市场占有率。

从经济学角度来看，长尾理论与二八定律、边际效应、规模效应及蓝海战略之间有着必然的联系。在与二八定律比较分析方面，长尾效应是在新环境下对二八定律的发展和补充。在资源稀缺假设前提下，传统经济属于典型的供给方规模经济，用户的购买行为并不完全反映需求，主流产品的销售量大不等同于对它的需求也大，只是主流产品占据了大部分市场，限制了人们的选择权。伴随着"富足经济"时代的到来，企业采取差异化战略，"小块需求"通过"小块渠道"对"小块供应"的小额交易，建立全新的低成本渠道的销售模式满足人们更加个性化和具体化的需求，当无数用户的个性化需求予以满足时，必然导致长尾的产生，形成了独特的需求方规模经济。长尾理论并不是一种真正意义上的创造，只是将我们经常忽视的小市场推到了新的舞台，可以说是在蓝海战略后又一个有着独特创新的思维。长尾理论和蓝海战略表述方式虽然存在一定的差别，但都是以现有顾客需求为基础，积极发现新的潜在市场需求，把消费者视线从市场供给一方移向需求一方，为顾客提供个性化需求，从现有的红海市场中寻找那片未曾见到的"蓝海"。借助数字编码化，完全无重复地通过互联网本身达到扩散，降低了接触更多人的营销成本，有效地提高了长尾市场的流动性，展现了边际成本递减的规律。此外，范围经济属于特殊形式的长尾经济，但长尾经济不完全等于范围经济。长尾专注于各种不同的消费需求，不是瞄准现有市场"高端"或"低端"顾客，而是面向大热门市场之外的潜在需求的买方大众；通过细分市场及专注区分消费者的差别来满足顾客偏好，致力于大多数客户的个性化需求，最后通过整合细分市场，整合不同消费者需求的共同之处来重新定义自己的产品。与范围经济相比，长尾的"范围经济"不限于同一企业内部，可以是产业集群，可以是非地域性的全球协作；长尾经济甚至可以不是范围经济，而是差异化经济、个性化经济、创意经济等异质性的经济。

　　长尾理论已经应用于互联网行业、文化产业等个性化需求突出的新兴产业之中。互联网公司eBay的获利主要来源是长尾的利基商品，典藏款汽车、高价精美的高尔夫球杆等个性化、小众化需求突出的商品；亚马逊网络书店营业收入的重要组成部分是小众化书刊。在互联网时代，图书市场80%的非畅销书有了贡献利润的价值，长尾理论发挥作用更加明朗化。随着互联网的兴起及数字出版技术的发展，出版产业正在发生转变，畅销书开始失去市场的统治地位，而一些冷门图书开始利润丰厚。长尾理论解释了这种文化的变迁及其经济后果和市场机会，在长尾经济条件下，图书出版有了一个与"畅销书模式"并存的"长尾书模式"。长尾营销理念已经被网上书店或多或少地实践着，我国已经具备了实践长尾营销理论的物质基础和文化基础。其中，生产工具的普及、传播工具的普及、供给和需求的有效连接是驱动该理论实现的三大必备条件。生产工具是指能够生产可以进入互联网消费市场的产品的制作工具，包括文字的写作和编辑软件、音频与视频的录制和编辑软件、动画制作软件等。传播工具的普及带来消费成本的降低，电脑把每个人变成了生产者或出版者，互联网把每个人都变成了传播者。搜索引擎有效地连接了供给与需求，把新产品介绍给消费者，推动需求沿曲线向右移动，对于消费者来说，意味着寻找非主流内容的"搜索成本"降低了。

2.1.5　文化折扣理论

文化折扣首次出现是在希尔曼·埃格伯特关于"少数派语言和文化版图应受到更多关注，保护其文化特性"的论述之中。折扣意指在文化产品的经济价值衡量中必须考虑的文化差异因素。文化折扣概念最早由霍斯金斯、米卢斯在1988年出版著作《全球性电视和电影——产业经济学导论》中提出。该理论指出，在国际影视作品贸易过程中，由于不同国家和地区存在着差异化的文化背景，所以受众在接受外来影视作品时其认同感、理解程度会受到不同程度的折扣，影视作品原有的文化宣传作用会出现不同程度的下降，后来这一理论扩张到整个文化贸易方面。霍斯金斯和米卢斯还为外国电视节目和电影的价值损失百分比提出了一个计量公式：（国内相应产品的价值-进口价值）/国内相应产品的价值。后来经过如美国经济学者Harold Uogel、韩国传播学研究者崔良珠等人对该理论进一步提出开拓性的观点，文化折扣理论才不断发展成熟。

一般来说，地理距离、宗教信仰、语言文化、价值理念、历史背景等文化因素都会一定程度上地加强对这种折扣的影响。即不同区域之间的相隔距离小、语言差异小、历史背景差异不明显造成文化传播的折扣效应不明显，反之，影响不断扩大。第一方面是文化场域的权力结构。法国社会学家皮埃尔饰尔迪厄在其文化社会学的研究中提出了"场域"这个重要概念，他观察到外部世界中的行动者自觉不自觉地参与某些游戏空间，这些社会中不同的"游戏领域"需要用关系式思维来思考，从这个思考角度深入剖析，能够探查客观世界和人类社会中或明确或隐蔽的关系。当今，西方国家在世界的政治经济格局中占据优势地位，这种优势地位产生了一种强势的国际关系力量，通过对发展中国家政治、经济、文化上的各种渗透和诱惑，西方现代文化在文化场域的较量中也取得了相应优势地位，其中美国文化成为西方文化的代表。正是电影中饱含的这些意识形态的精神内容，极易在全球政治经济权力的背景下带上某些文化之外的色彩。席勒指出："跨国的政治—经济权力及其在全球的影响，是伴随着一种意识形态的权力去阐释全球的文化现实的。"第二方面是文化差异。文化差异，尤其是文化结构上的差异是文化折扣成因的深层次原因，而且文化差异会在产业环境、营销策略、产品类型、媒介类型、观众接受等很多层面发挥它对电影贸易的影响。第三方面是自我认知和选择偏好。不同的国家特色和阶级特色会烙印在每个观众的自我意识中，也体现在每个观众的认知活动中。观众基于不同的归属群体，对于自身身份的认知具有明显差异，有时甚至截然相反。一般情况下，观众的这种自我认知非常顽固。与之相反的情况是处于文化共同圈中的国家之间，文化交叉地带较多，文化的演变与成长往往相伴相生，具有与生俱来的文化亲缘性。这些地域的国家在叙事风格、审美诉求、语言元素等方面都具有相似性和相通性。处于文化共同圈里的观众将自我认知和文化归属放到了一个更大的感受范围，对圈中国家生产的文化产品有一定的选择偏好。同时，他们在进行主观性文本解读的时候，认同某些文化中的相似点和相通点，更易于接受和理解电影文本传达的信息。

　　文化折扣产生的直接影响就是海外市场文传产品占有率较低、进出口贸易逆差严重、国际竞争力水平较弱。减少"文化折扣"难题，不仅需要国家层面的文化交流传播活动，而且需要保证文化产品质量、传播形式等方面满足当地受众需求。普遍采用的降低文化折扣的策略包括以下几种。其一，选择文化折扣度较低的文化产品类型。在所有的文化产品类型中，动作类文化产品是最少文化折扣的类型。动作，是最具世界性和人类共通性的肢体语言，克服了语言、文化传统等各个方面的障碍，能够以直观、形象的方式表达人物内心和各种简单的故事情节。查普曼的研究也表明，动作片是电视节目贸易中交易最多的节目类型。历史剧、情景喜剧、生活剧遭受的文化折扣较大，在文化贸易中，极少有情景喜剧、生活剧在国外成功。其二，借用国外观众熟悉的文化样式。具体来说，就是要借助国外观众熟悉的文化产品形式，融入中国传统文化、艺术样式等内容，以此来降低中国文化产品"走出去"过程中的文化折扣。每一个国家或区域都有自己熟悉的文化产品，借助这些文化产品的形式，就能大大降低文化折扣度。甚至，融入中国内容之后，这些文化产品会对国外观众产生某种新鲜感，成为他们接受该产品的强大驱动力。其三，本土化与国际化相结合。在中国文化产品"走出去"的初期，我们所采用的策略应该是：以本土文化为"原点"，兼纳国际化的诸多元素，生产出既具有本土化内容又与国际化接轨的文化产品。

2.1.6 跨文化传播理论

跨文化传播理论由美国文化学者爱德华·霍尔在20世纪40年代提出，该理论指出面对与本民族在价值理念、风俗习惯、宗教文化等方面存在差异的情况，本民族受众能够对其有正确认识并予以接受、包容和理解。跨文化传播主要关联到两个层次的传播。第一，日常生活层面的跨文化传播，主要指来自不同文化背景的社会成员在日常交往互动中的融合、矛盾、冲突与解决方式；第二，人类文化交往层面的跨文化传播，基于文化系统的差异，不同文化之间进行交往与互动的过程和影响以及由跨越文化的传播过程所决定的文化融合、发展与变迁。

跨文化传播主要包含三种模式，即跨文化传播行为模式、跨文化传播认知模式、跨文化传播理解模式。跨文化传播的行为模式主要有三个方面的研究方式，主位研究方式、客观研究方式、从文化冲突研究方式。跨文化传播行为模式的主位研究（Emic），以民族志学者为代表，如多纳尔·卡布，塔马·卡却以及菲利普森等。从本地人的角度深入该文化区域中，考察他们的文化及该种文化下的传播方式。客位研究（Etic）方式重点在于比较两种文化间的差异。霍夫斯泰德在其名著（《文化的后果：与工作有关的准则的国际差别》）中对53个国家的文化价值观进行调查后，归纳出文化差异的四种模式：权力差距；回避不确定性；个人主义—集体主义；男性化—女性化。

文化冲突的研究与先前客位研究的不同在于，它侧重于对文化差异的源头进行分析，从源头分析文化传播方式的差异。跨文化传播的认知模式主要侧重于从个人心理出发，由于每个人的认知过程都有一个框架，即传播学中的框架理论，人们运用过去的经验和接触到的信息来理解社会，用惯有的模式来认知新的事物，当人们面对与先前的信念和价值观不同的文化体系时，会产生文化冲突。例如，在欧洲的一些文化中，吃面条发出声音是不绅士、不淑女的表现，而在有些亚洲文化中，吃面条发出声音，则表示面的美味及对厨师的赞扬。进入新的环境中，如果认知模式没有进行相应的变化，就会产生文化差异甚至文化冲突。跨文化传播的认知模式还包括，心理因素会影响传播过程，且提供一种实证主义方法，即只要确定了心理变化与传播行为之间的关系，传播就能得到控制。跨文化传播的理解模式是在认知模式和行为模式之上发展而来的，其主要内容是跨文化传播是来自不同文化背景的人之间协商并建构意义的一个象征性过程，同时传播者也清楚自己在跨文化处境中所扮演的角色。跨文化传播强调的是，来自不同文化背景的双方，在进行交流时能构建新的意义，以此达到更好的理解和交流。与之前的认知模式不同的是，认知模式强调的是个体自身的交流，着重于个人的心理层面；而理解模式强调的是个体与个体之间的交流，个体与个体之间的互动过程。这对于跨文化传播来说上升到了另一个高度，彼此存在文化背景的差异，在交流时首先做到了互相认同和理解，再寻求构建一个双方都可以理解的意义空间，从而达到交流通畅。这个过程完成了跨文化交流的目的，增进理解，减少文化冲突，是更高一层的阶段。

在跨文化交流中，不可避免地会产生冲突。文化冲突是不同形态的文化或者文化要素之间互相对立、互相排斥的过程。由于个体或群体持有不同的观念信仰、不同的思维方式，生活在不同的传统习俗中，有着不同的行为模式，必然会在交流中互相碰撞，产生冲突。发生在人际交流中的冲突，主要表现为人们对异质文化在思想上的不理解、价值观上的困惑、震惊甚至愤怒，如果发生在文化群体之间，则可能表现为异质文化的互相封锁、拒斥甚至对抗。如果两种文化有强势、弱势之分，则有可能出现强势文化强行传布所引起的激烈冲突；如果某一种文化群体抱有文化中心主义观念，或是对本民族文化有强烈的认同感，认为自己的文化独优，傲视其他文化，也必然会产生与其他文化的冲突。在文化冲突存在的情况下，进行图书版权输出是一种挑战，但同时也是减少文化冲突的意义所在。由于图书版权输出是两种不同文化背景下的无形资产的往来，其背后的风俗习惯、政治环境、宗教信仰、历史经验都不相同，要进行这样的输出，对语言的翻译转换，内容主题甚至图书的版式设计都要有所不同。图书版权输出这一文化交流工作顺畅有序进行后，能够使不同文化背景的人通过书籍进行精神上的往来，认识和了解他国的文化，对于减少文化冲突有着重要作用，这才是图书版权输出的文化意义所在。

进入21世纪以来，伴随科技进步和社会变革速度不断加快，文化交流传播活动更加频繁，全球化发展很大程度上冲破了跨文化传播的时空界限，加快了跨文化传播的发展进程。跨文化传播理论在国际文化贸易中得到广泛应用，更成为发达国家扩大国际影响力的重要方式。而对于被动接受者来说，一方面，世界多元文化进入本土有利于文化融合与思想碰撞，激发本土文化创造活力；另一方面，外来文化一定程度上阻碍了本土固有文化传播及其文明传承，可能危及本国文化安全。传播与文化是融为一体、不可分割的。脱离了文化背景、语境意义的传播是无效的，只有文化而不进行交流与传播，也是不能长久的。图书作为传播媒介的一种，承载着文化。将版权输出到异文化国家或地区中，整个过程既是文化传播过程，更是跨文化传播过程。

2.2　国内外研究现状

2.2.1　出版业"走出去"文献综述

自2003年中国新闻出版总署正式提出出版"走出去"战略以来，出版界对中国出版业国际化问题的研究就以"走出去"战略实施为核心展开，归纳起来主要集中在以下五个方面。

（1）出版"走出去"战略解读，主要包括出版业"走出去"战略内涵和必要性研究，如于永湛（2006）、李新（2008）、张福海（2010）等。张福海指出，中国出版业"走出去"的初步设想包括四个方面：传统出版物及数字出版物以实物贸易形式出口到海外市场的产品"走出去"，通过版权贸易和合作出版的形式输出出版物附属版权的版权"走出去"，通过投资、兼并等资本运营方式实现资本海外扩张的资本"走出去"及印刷、复制领域为国外出版企业提供的来料加工服务。

（2）出版"走出去"战略实施影响因素研究，如朱朝旭（2004）、黎强（2007）、曹胜利和谭学余（2008）、李舸（2010）等。朱朝旭指出中国出版"走出去"的制约因素主要集中在意识形态问题、文化差异、语言障碍、编辑出版模式差异和缺乏海外出版发行基地五个方面。

（3）出版"走出去"方式研究，如王化鹏（2003）、于永湛（2006）、刘玉军（2008）、方允仲（2009）、付海燕等（2011、2013）等。王化鹏指出中国出版"走出去"的途径主要有通过图书贸易公司向外销售已经出版的国内中文图书、对外图书版权贸易、中外合作出版、国内出版外文图书向外发行、在境外直接出版、在国外推行出版本土化战略、利用国外出版界现有的渠道帮助中国出版7种途径。于永湛指出中国出版"走出去"的主要渠道有出版物出口、版权贸易和海外办出版。刘玉军认为中国出版业"走出去"有输出版权、合作出版、参与国际出版项目、在当地注册出版社和到当地建立销售网点五大途径。付海燕指出出版物出口贸易、版权贸易、国际合作出版、海外直接投资是中国出版"走出去"的主要模式。

(4) 中国出版"走出去"具体案例分析，如张洪、田杨（2006）和张雨晗（2007）。张洪、田杨专门分析了辽宁出版集团"走出去"的实践和对策，总结了辽宁出版集团走出去的三大做法，一是体制和机制创新为辽宁出版集团在国际市场上塑造市场主体地位奠定了坚实的基础；二是多元化、阶段化的"走出去"方式使对话国际出版市场的"辽宁声音"逐渐融入主流；三是技术基础和人才资源是辽宁出版集团进入国际市场、实现对外传播的保障。张雨晗则分析了河南出版业"走出去"的时代背景和文化资源，提出了河南出版业走出去的四大战略步骤，即加快新闻出版人才队伍建设，提升自身竞争力；分析海外市场，研究海外读者需求；寻求国内外出版合作伙伴，强强联合，互利双赢；在境外建立出版基地。

(5) 出版"走出去"策略研究，主要围绕"走出去"战略实施状况和存在问题提出建设性建议，如于永湛（2006）、刘玉军（2008）、潘文年（2009）等。于永湛指出可以从创新工作机制、培育市场主体、加强内容开发、重视人才培养、打造营销网络和落实扶持措施六个方面加快中国出版走出去的步伐。刘玉军指出国际图书市场调研、面向国际图书市场的推介工作、全程国际运作、吸引欧美主流新闻媒体关注等是中国出版业"走出去"的四种具体做法。潘文年分析了中国图书走向世界过程中政府部门的规划制定策略、产业培植策略、资源整合策略、导向鼓励策略和平台建构策略。

通过以上分析可以看出，目前关于中国出版业"走出去"研究已取得丰硕成果，但也明显存在一些问题。

第一，研究内容偏窄。相关研究主要侧重于从宏观的战略性角度分析中国出版业"走出去"方式及策略，缺乏对各种"走出去"方式理论上的深入探索和挖掘。

第二，研究方法单一。多数研究是采用定性分析方法就现象存在问题提出对策建议，很少运用其他领域的相关理论进行跨学科研究，定量分析方法也较为鲜见。出版"走出去"既是一种海外文化传播活动，也是一种国际经济活动，涉及社会学、经济学、国际贸易、国际投资等诸多学科领域，应用这些学科理论去开展研究对丰富出版走出去研究成果有重要理论和实践价值。

第三，研究深度不够。绝大多数研究以出版"走出去"整体为研究对象，一般同时对走出去各种模式展开研究，范围广而深度不足，缺乏针对具体模式的深入研究。

2.2.2　文化贸易文献综述

近30年来，全球文化产业贸易发展进程在不断加快，世界各国政府和学者对其研究也越来越多，但是专门针对出版物出口贸易的文献较少。因此以下梳理国内、外学者在文化贸易方面的研究进展，以期为开展出版物出口贸易研究提供借鉴。

在经验研究方面，国外学者研究开端于20世纪80年代，研究的焦点主要集中在文化产品出口贸易产生的影响、影响因素及扩大本国文化产品出口贸易路径探索等方面。G.G.Schulze、Stephen E.Siwek等提出文化产业出口贸易是拉动本国经济发展的重要动力之一，发达国家通过文化产业出口扩大国际影响力、巩固文化强国地位。Helen Raduntz、Hoskins、Roger White等利用2003—2007年美国文化商品贸易年度报告数据比较分析得出，文化出口贸易尤其是影视传媒业出口贸易对拉动本国就业作用明显。

在影响因素分析方面，Patrick Francois、Tanguy van Ypersele、Doyle等提出国际贸易壁垒、政策不成熟、法律局限等因素不利于文化产业贸易。Doobo Shim、Ahearne、Jeremy等通过对韩国文化产业研究发现，国家发展战略、税收补贴、人才培养和引进等多种方式对本国文化产品出口贸易影响显著。

在文化产业出口贸易措施方面，Jesse Chu-Shore、Venkatesh Bala、Ngo Van Long主张国际文化产品贸易应该减少政府干预、降低产品进出口贸易税率、减少贸易壁垒，通过激发文化创造活力促进世界文化多元化发展。

21世纪之后，国外文化产业长驱直入中国，并对中国文化安全造成了一定威胁，文化产品竞争力水平低和版权贸易逆差问题逐渐引起了国内专家学者的关注。关于文化产品出口贸易的作用，廖建军、雷鸣、蔡彬等指出文化产品作为文化传播的重要载体，是一个国家文化软实力的重要组成部分。在版权出口贸易方面，张勤、张帆、张毅等通过中美两国文化产业中版权贸易比较分析发现，无论是版权产业对GDP的贡献率，还是拉动就业，美国版权产业发展要比中国成熟很多。在分析文化产品阻碍因素方面，李敏鹤、蒋茂凝等指出，阻碍中国文化产品竞争能力提高的原因包括中国文化产品国际适应性差、营销不利、版权代理机制不成熟等方面，以此提出中国图书出口贸易需要政府扶持、人才培养、增强版权代理机制等措施。在版权贸易逆差方面，路小静、黄先蓉、田常清、张亚丽对中国影视版权出口贸易构建了引力模型，通过中国文化产业版权主要出口国家和地区分析发现，对版权出口贸易具有明显消极作用的是贸易对象国的经济实力、居民购买力水平及地理距离，而文化距离影响不明显。付海燕在中国图书进出口总体变化分析的基础上，利用马尔可夫模型对我国进出口图书中各类图书所占比重的结构变动规律进行了深入剖析，对未来一段时期内我国图书出口、进口结构进行预测，得出综合类图书、哲学、社会科学类图书、文学、艺术类图书及文化、教育类图书是我国图书参与国际竞争的主力；我国读者对国外文化、教育类图书，自然、科学技术类图书及文学、艺术类图书的需求相对旺盛等结论。

综上所述，国内外学者研究主要集中在文化产业贸易方面，缺乏从出

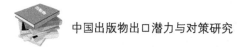

版业出口贸易角度出发进行系统化的研究。以此，本项目基于国际出版业进出口贸易相关理论及中国出版业"走出去"战略和"一带一路"倡议环境，深入研究中国出版业出口贸易发展状况及潜力，结合东西方出版强国出口贸易经验，提出拓展中国出版业出口贸易的对策建议。

第3章　中国出版业出口贸易现状及问题分析

3.1　出版物出口贸易状况分析

3.1.1　总量分析

　　为了详细梳理中国出版业出口贸易发展状况，本书从出版业出口贸易总量、出版业出口贸易结构、出版业出口贸易区域及数字版权贸易发展等不同角度出发进行量化归纳分析。

　　2005—2014年中国出版物出口贸易情况如图3-1所示。

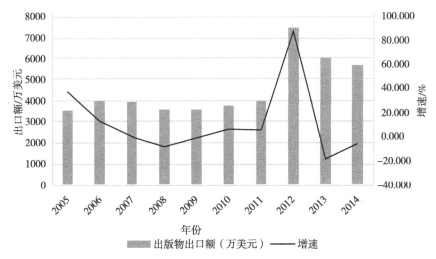

图3-1　中国出版物出口贸易总额

数据来源：根据中国国家版权局、中国统计年鉴数据整理。

从图3-1来看，2005—2014年中国出版物出口贸易额总体呈现上升趋势，其中最低年份是2005年（约为3500万美元），最高年份是2012年（约为7500万美元）。具体来看，2005—2006年我国出口贸易额增速较快，尤其是2005年增长速度超过37%；2007—2009年，出口贸易额则出现了小幅度的下降，其中2007年和2009年下降幅度很小（约1%），2008年下降幅度最大；2010—2012年，出口贸易额出现大幅度反弹现象，并且出版物出口总量在2012年达到峰值7500万美元，增长率超过88%；2012—2014年，出版物出口贸易额出现了一定程度的下降，其中2013年是十年间下降幅度最大的年份，增长率直接从80%左右降低到-20%左右。

3.1.2　结构分析

2005—2014年中国出版物出口贸易结构图如3-2所示。

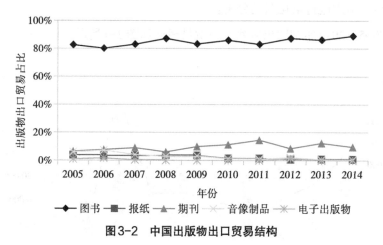

图3-2　中国出版物出口贸易结构

数据来源：根据中国国家版权局、中国统计年鉴数据整理。

从图3-2来看，2005—2014年中国出版物出口贸易类型以图书为主，每年图书出口所占比例均在80%以上，并且出口比例整体呈现小幅度上升趋势。其中图书出口所占出版物出口比重最低年份是2006年，约为80%，比重最高年份是2014年，约为90%。另外，期刊出口贸易所占比重也比较高。2005—2009年期刊出口比重平均占出版物出口比重8%左右，2009—2014年期刊出口比重平均超过10%。音像和报纸出口所占比例呈现逐年下降的状态，尤其是2008年之后报纸出口所占比重迅速下降。电子出版物出口所占比重一直比较低，在2010年、2011年、2012年、2014年受数据统计缺失影响，暂时没有得到具体出口贸易数量及其所占比重。

3.1.3　区域分析

利用联合国商品贸易统计数据库对中国2015年出版物出口贸易统计数据进行分析可以发现（见图3-3），中国出版物出口对象国主要集中在亚洲、北美洲和欧洲，对这三个区域的出口占到对世界出口额的90%。其中对亚洲国家和地区的出版物出口贸易额占到对世界出口额的35%，对北美洲国家和地区的出口占到33%，对欧洲国家和地区的出口占到22%。

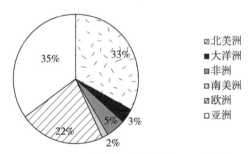

图3-3　2015年中国出版物出口区域结构

数据来源：根据United Nations Commodity Trade Statistics Database数据整理。

进一步分析中国出版物出口贸易对象的国别分布可以发现，2015年中国出版物出口贸易额最多的10个国家和地区依次是美国、中国香港、英国、澳大利亚、日本、德国、法国、荷兰、尼日利亚、加拿大，中国对这10个国家和地区的出版物出口额占到其对世界出版物出口总额的78%，其中，对美国的出口额最大，占到中国出版物出口总额的30%。

3.1.4 进出口贸易比较

对比2005—2014年我国出版物进出口贸易情况发现（图3-4），我国历年出版物出口总额均小于进口总额，出版物贸易处于持续逆差状态，只是2012年以来贸易逆差额大幅减小。具体来看，2005—2011年我国出版物出口额持续上升，从2005年的29987.6万美元增长到2011年的42508.21万美元，年平均增长率为1.11%，出版物出口总额相对稳定，出版物贸易逆差主要受进口总额的影响，逐年加大，至2011年逆差额高达38567万美元，是出版物出口总额的9.8倍；2011—2012年出版物进口总额大幅度下降，此时出版物出口额有所上升，整体贸易逆差有所改善；2012—2014年出版物进口额和出口额都存在小幅度下降趋势，贸易逆差额也有相似的下降趋势，至2014年逆差额约是出口总额的4倍，我国出版物贸易形势仍然十分严峻。

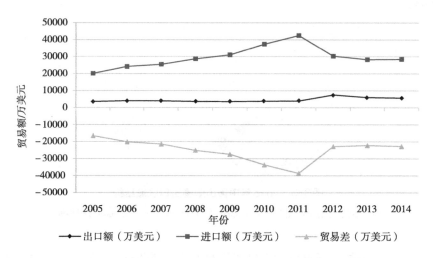

图3-4　中国出版物进出口贸易比较

数据来源：根据中国统计年鉴数据整理。

3.2　版权输出状况分析

3.2.1　总量分析

从图 3-5 来看，2005—2014 年中国版权输出种类总体呈现上升趋势，2008—2012 年上升趋势明显。其中 2005 年版权输出种类最少，约 1520 种；2014 年版权输出种类最多，也是 10 年中我国版权输出种类最多的一年，超过 8700 种，年均增长数量超过 600 种。具体来看，除 2008 年版权输出种类有所下降，下降比例超过 5%，其他年份中国版权输出种类都在不断增多。其中，2006 年（年增长速度为 35%）、2009 年（年增长速度为 31%）、2011 年（年增长速度为 51%）的版权输出增长速度均超过 30%。总体来看，我国版权输出整体趋势良好，但近年来版权输出种类有减缓的趋势。

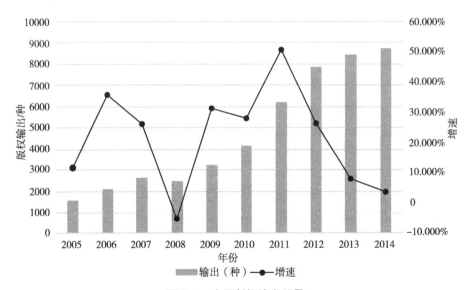

图3-5　中国版权输出总量

数据来源：根据中国国家版权局、中国统计年鉴数据整理。

3.2.2 结构分析

从图3-6来看，2005—2014年中国出版物版权输出主要依靠图书，除
2013年外每年图书版权输出所占比例均在90%以上，2006年、2007年、
2008年图书所占比例高达99%以上。从版权输出种数变动情况来看（见
图3-7），2005—2007年我国图书版权输出种数不断上升，2007—2008年
小幅度下降，2008—2012年持续上升，其中2010—2012年上升幅度明显增
大，在经历2013年的小幅度下降之后，2014年我国图书版权输出反弹，增
加至8000多种，成为10年来版权输出种数最多的一年。

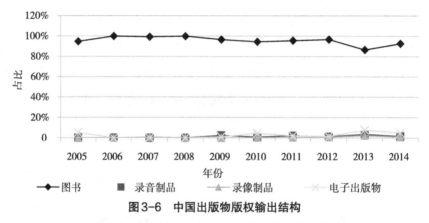

图3-6 中国出版物版权输出结构

数据来源：根据中国国家版权局、中国统计年鉴数据整理。

我国出版业版权输出统计主要以图书版权输出为主，因此以下具体针
对图书版权输出结构展开分析。

从图3-8来看，2008—2014年文学艺术类图书和文化、教育类图书版
权输出种类占图书版权输出总量的比重相对稳定，都在17%左右，而哲学
社会科学、综合性图书、科学技术类图书版权输出种类所占比重波动比较
大。例如，2008年最主要的图书版权输出类型是综合性图书，比重超过
40%，少儿读物版权输出比重最低，不足5%。但是2011年占图书版权输
出比重最大的图书类型是哲学、社会科学类，其版权输出比重超过23%，

综合类图书比重不足21%。2014年，图书版权输出比重最大的类型是哲学、社会科学类，版权输出所占比重约为34%，而综合类图书版权输出比重已经不足15%，少儿读物版权输出比重也超过自然、科学技术类图书。

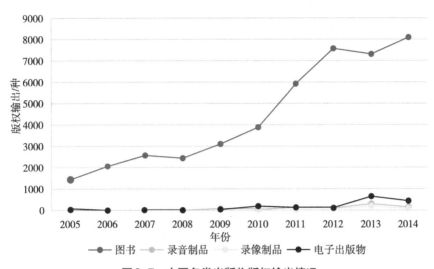

图3-7　中国各类出版物版权输出情况

数据来源：中国国家版权局、中国国家统计年鉴。

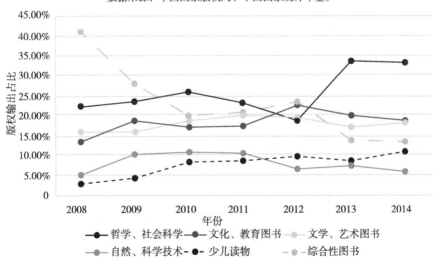

图3-8　中国图书版权输出结构

数据来源：根据中国国家版权局、中国统计年鉴数据整理。

3.2.3 区域分析

从图3-9来看，2005—2014年中国版权输出方向主要以港、澳、台地区和东南亚为主，对于美国、英国、新加坡、日本等国家也有一定数量的输出比例。具体来看，除去2006年，美国成为中国版权输出最大贸易对象国（比重超过30%）之外，其他年份都是以港、澳、台地区作为中国最大版权输出对象，年均输出比重为30%。具体来看，2005—2014年中国版权输出美国和韩国所占比重具有明显波动性。从美国来看，2005年中国版权输出比重不足5%，2006年版权输出超过30%，2008年版权输出比重又下降到5%左右，2010年以后中国向美国版权输出比重出现逐年下降的趋势。从韩国来看，版权输出比重在2005年达到最大值（超过20%），2006年下降到谷底（不足3%），2009年以后版权输出比重稳定在8%左右。对于英国、日本、新加坡等地版权输出份额基本稳定，年均所占版权出口比重约为5%。

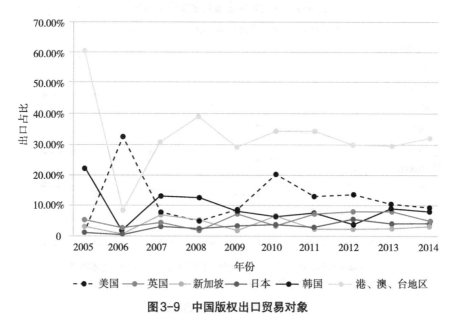

图3-9　中国版权出口贸易对象

数据来源：根据中国国家版权局数据整理。

　　接下来分析我国版权输出省份分布。从图3-10来看，2006—2014年中国版权输出省份主要集中在北京市、上海市、江苏省、安徽省、江西省、湖北省，以上六省市版权出口比重总额占中国版权出口比重超过70%。其中，不同省市不同年份的情况也不尽相同。总体来看，版权出口比重最大省市是北京市，年均版权出口比重为50%，其中2006年版权出口比重达到最大值，约为58%；版权出口比重最低的年份是2012年，仅为40%左右。具体来看，安徽省版权出口比重呈现逐步上升的趋势，2006年出口比重仅占全国版权出口比重的3%左右，2014年版权出口比重超过10%；上海市版权出口比重呈现不断下降趋势，2006年版权出口比重达到最高值，超过10%，2014年版权出口比重仅为3%左右。江西省和湖北省版权出口比重相对比较稳定，尤其是2008年以后两省份都基本在5%左右。

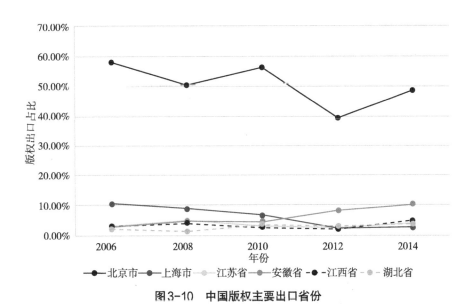

图3-10　中国版权主要出口省份

数据来源：根据中国国家版权局数据整理。

3.2.4　版权引进输出比较

　　对比2005—2014年中国版权引进输出情况发现（图3-11），我国历年版权引进种数均大于输出种数，在版权贸易中处于持续逆差状态，从2009年开始出现减缓的趋势，到2014年时这种趋势更加明显。具体来看，2005—2009年我国版权输出种类的增长比较平稳，相反版权引进种类一直上下波动，波动幅度在10000~17000种，版权贸易逆差主要受到版权引进种数的影响，变化趋势与版权引进种数的变化趋势相反；2009—2013年，我国版权输出和引进种数均呈现逐年递增的趋势，但是版权输出种数的增长幅度更大，整体版权贸易逆差处于减缓的状态；2013—2014年，我国版权输出种数继续上升，版权引进种数有所下降，版权贸易逆差呈现新一轮的改善趋势，但是版权引进品种数仍然过多，约为版权输出种数的2倍。

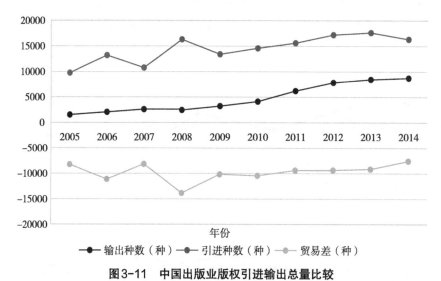

图3-11 中国出版业版权引进输出总量比较

数据来源：根据中国统计年鉴数据整理。

从中国版权贸易区域分布来看（表3-1），2006—2014年无论是对欧美地区还是对亚洲地区，中国版权引进种量均大于输出种量，中国版权贸易都呈现出逆差状态。具体来看，从2006—2008年我国对亚洲地区的版权引进品种数从1800多种上升到8400多种，版权引进大都来自台湾地区，其次是日本；2008—2014年虽然我国对亚洲地区的版权引进品种数不断下降，但至2014年版权引进品种数仍高达4000多种。相反，我国对亚洲地区的版权输出种数则逐年上升，从2006年的723种上升到2014年的3791种，我国对亚洲地区的版权输出种数与版权引进种数的差距在减小。与亚洲地区相比，我国从欧美地区引进的版权品种数更多，版权引进主要来自美国和英国，2006年版权引进种数超过15000种，其中有10950来自美国，2957种来自英国，1296种来自德国；2008年版权引进种数大幅度下降；2010年又大幅度回升，虽然2010—2014年我国从欧美地区引进的版权种数有小幅度下降趋势，但均大于9000种。相比版权引进来说，我国对欧美地区的版权输出种数很少，2006—2014年基本在2000种，2008年最少，仅有471种。总体来看，我国版权引进种数极大地高于版权输出种数，版权贸易主要集中在欧美地区的美国、英国、德国和亚洲的台湾地区及日本与韩国。

表3-1　中国版权贸易区域分布　　　　单位:种

国家 (地区)＼年份	2006年		2008年		2010年		2012年		2014年	
	引进	输出	引进	输出	引进	输出	引进	输出	引进	输出
美国	10 950	2 050	4 011	122	5 284	1 147	4 944	1 021	4 840	734
英国	2 957	147	1 754	45	2429	178	2581	606	2 655	410
德国	1 296	66	66	96	739	120	874	352	807	304
法国	303	104	433	64	737	121	835	130	754	313
俄罗斯	253	14	49	115	58	11	48	104	97	177
加拿大	38	66	59	29	111	86	122	104	160	67
欧美国家总计	15 797	2 447	6 372	471	9 358	1 663	9 404	2 317	9 313	2 005
新加坡	40	25	292	127	335	375	265	173	211	248
日本	484	47	1 134	56	1 766	214	2 006	401	1 736	346
韩国	315	116	755	303	1 027	360	1 209	282	1 160	623
中国香港	144	363	195	297	877	534	413	440	181	277

续表

国家(地区) \ 年份	2006年		2008年		2010年		2012年		2014年	
	引进	输出	引进	输出	引进	输出	引进	输出	引进	输出
中国澳门	144	119	4	47	24	6	5	1	8	13
中国台湾	749	53	6 040	603	1 747	1 395	1 424	1 781	1 171	2 284
亚洲地区总计	1 876	723	8 420	1 433	5 776	2 884	5 322	3 078	4 467	3 791

数据来源：中国国家版权局、中国国家统计年鉴。

从中国版权贸易差额区域分布情况整体来看，2006—2014年中国对欧美地区的版权贸易一直呈现贸易逆差的状态，其中在2010年之前，中国同欧美国家版权贸易逆差波动比较大，2006—2008年贸易逆差大幅度下降，从8900种下降到3889种，2010年又上升到4137种，2010年之后版权贸易逆差波动幅度较小，总量稳定在7000种左右。在同欧美国家版权贸易中（见图3-12），美国、英国、德国是前三大版权贸易逆差国家。与欧美国家的版权贸易相比，中国同亚洲地区版权贸易种数相对较少，2006—2010年在同亚洲地区版权贸易中（见图3-13），中国台湾、日本、韩国是前三大版权贸易逆差地区，2008年这种贸易逆差更加明显，尤其是与台湾的贸易逆差在2008年达到5000多种，2010年与中国台湾贸易逆差为300多种，2012—2014年呈现贸易顺差状态。至2014年，在同亚洲地区版权贸易中，日本、韩国仍是排在前两位的贸易逆差国家，且我国对日本版权贸易的逆差种量已经超过整个亚洲地区。此外，中国澳门成为排在第三的版权贸易逆差地区。整体来看，2008年以后我国同整个亚洲地区的版权贸易逆差种类不断缩小，但是即使在逆差较小的2014年，逆差数量仍然超过670种。总体来看，中国同欧美地区版权逆差数量大于同亚洲地区版权逆差数量。

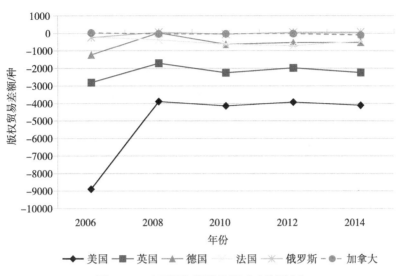

图3-12 中国版权贸易差额（欧美国家）

数据来源：中国国家版权局、中国国家统计年鉴。

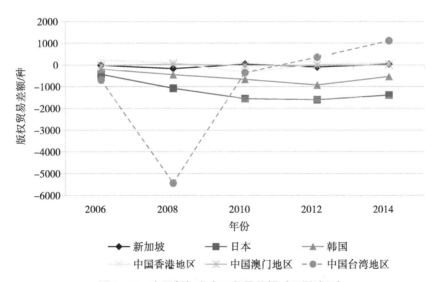

图3-13 中国版权进出口贸易差额（亚洲地区）

数据来源：中国国家版权局、中国国家统计年鉴。

由图3-14可以看出，在各类出版物中图书版权贸易差额比较突出且波动较大，2005—2014年一直上下波动，波动幅度在-7000~-14000种。其中在2008年中国图书版权逆差达到最大值，超过13500种，2014年图书版权逆差最小约为7500种，下降比例超过44%，主要原因是中国图书版权贸易种类的不断增加缓解了贸易逆差问题。音像出版物和电子出版物贸易逆差一直相对较小，这与总体贸易量比较小有关。

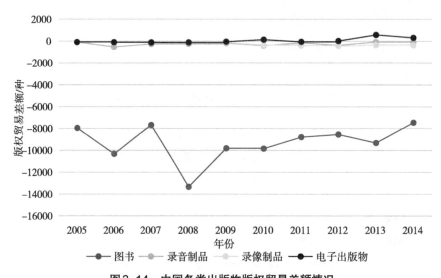

图3-14　中国各类出版物版权贸易差额情况

数据来源：中国国家版权局、中国国家统计年鉴。

具体地，从中国各类出版物版权引进与输出的种数来看（图3-15和图3-16），我国出版物版权贸易主要受到图书版权贸易的影响。2005—2014年图书版权引进种数整体处于波动上升趋势，2005—2009年我国图书版权引进种数先增后减，2008年图书版权引进种数接近16000种，2009—2013年我国图书版权引进种数持续增长，至2013年已经超过了16000种，2014年下降到15542种；而录音制品、录像制品、电子出版物引进总量均不到500种。与版权输出相比，我国出版物版权引进种数整体很小，版权输出主要依靠图书，2005—2007年我国图书版权输出种数不断上升，2007—2008年小幅度下降，2008—2012年持续上升，其中2010—2012年上升幅度明显增大，在经历2013年的小幅度下降之后，2014年我国图书版权输出反弹，增加至8000多种，成为10年来版权种数输出最多的一年。与版权引进类似，我国录音制品、录像制品、电子出版物输出种数均不到500种。从2014年的版权引进和输出情况看，我国出版物版权引进有下降趋势，版权输出有增长趋势，整体的贸易逆差趋于好转。

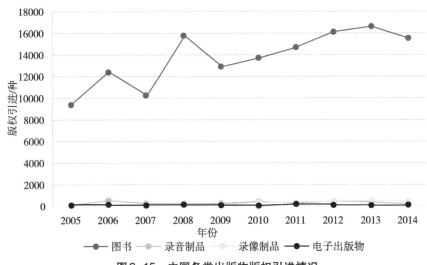

图3-15 中国各类出版物版权引进情况

数据来源：中国国家版权局、中国国家统计年鉴。

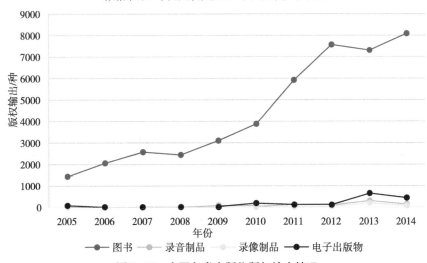

图3-16 中国各类出版物版权输出情况

数据来源：中国国家版权局、中国国家统计年鉴。

3.3　数字出版产品贸易状况分析

　　伴随互联网技术发展和出版业技术创新，数字出版技术应运而生。数字出版就是通过内容提供商将出版内容经过数字化编辑发行，呈现在计算机、手机或其他硬件承载设备中的过程，在数字出版发展过程中逐渐形成了个性化、多媒体化、交互性等发展特点。由于数字出版硬件设施不断完善、内容出版人性化和科学化的发展、大数据运用，全球数字出版贸易发展速度在不断加快。从表3-2来看，2008—2012年中国数字出版贸易发展进程不断加快，主要表现在数字出版物出口贸易额和数字版权出口数量。其中，2008年数字出版物出口贸易额约100万美元，所占出版物出口贸易比重不足3%；在2011年数字出版物出口额达到1502.43万美元，约为2008年的15倍，所占出版物贸易比重超过38%；2012年数字出版物出口额增长到2191.5万美元。同时，数字版权出口种类也有大幅度提升过程，2012年比2008年数字版权出口贸易种类多100种，数字版权占版权出口权重也从2008年的0.61%增长到2012年的1.23%。

表3-2　中国数字出版出口贸易情况

年份	数字出版物出口额/万美元	数字出版物占出版物出口权重/%	数字版权出口数量/种	数字版权占版权出口权重/%
2008	101.32	2.82	15	0.61
2009	61.11	1.72	34	0.81
2010	47.16	1.25	187	3.29

续表

年份	数字出版物出口额/万美元	数字出版物占出版物出口权重/%	数字版权出口数量/种	数字版权占版权出口权重/%
2011	1502.43	38.12	125	1.61
2012	2191.50	29.43	115	1.23

数据来源：根据中国新闻出版信息网数据整理。

3.4 中国出版业出口贸易存在的问题

就我国出版业出口贸易的发展而言，2006—2015年整体呈上升趋势，增长情况良好，贸易逆差有逐渐改善的情况。但是与出版业进口贸易相比，我国出版业贸易进出口逆差严重，贸易结构单一，贸易区域范围狭窄等问题依然很严重。

3.4.1 出版业贸易逆差严重

2005—2014年我国出版物出口额和出版物版权输出种量都在不断增长，但是与出版物进口额和版权引进种量相比，出口额和版权的输出种量显得微乎其微。由图3-4和图3-11可知，2005—2014年我国出版物出口额均在10000万美元以下，而进口额均超过20000万美元，尤其在2011年进口额超过40000万美元，是当年出口额的10倍多，至2014年我国出版物进出口额的贸易逆差仍然大于20000万美元。再看我国出版物版权的引进与输出情况也不容乐观，2005—2014年贸易逆差基本维持在5000~10000种，2008年版权贸易逆差已接近15000种，之后逐年有所缓解，但至2014年贸易逆差仍然大于5000种。出版业贸易逆差严重将直接削弱我国出版业在国际市场的竞争力。

3.4.2 出版业贸易结构单一

我国出版物贸易主要以图书为主，所占比例高达80%，2005—2014年间波动上升，至2014年所占比例已经超过90%；与图书贸易相比，2010年以前报纸和音像出版物所占比例基本低于5%，而且逐年递减，2010年以后所占比例基本为0；至于电子出版，从已经给出的数据中可以看出，所占比例基本为0。在2008—2014年的图书版权贸易结构中，哲学、社会科学类和综合性图书版权贸易增减幅度较大，哲学、社会科学类图书从20%左右增加至约30%，综合性图书版权贸易从40%多下降到不足15%；至2014年图书版权贸易中所占比例最高的是哲学社会科学类图书，约为35%，所占比例最低的是综合性图书，约为5%，二者之间相差达30%。出版业贸易结构的单一在一定程度上影响了整个出版业贸易的发展。

3.4.3 出版业贸易区域狭窄

从东道国或地区来看，我国出版物出口贸易对象主要集中在亚洲、北美洲和欧洲，对这三个区域的出口占到对世界出口额的90%，就出口国别来看则主要集中在美国、中国香港、英国、澳大利亚、日本、德国、法国、荷兰、尼日利亚、加拿大等10个国家和地区。版权出口贸易的地区则主要集中在港、澳、台地区，2005年对港、澳、台地区的版权出口贸易所占比例高达60%，2014年下降到30%左右，但仍然是版权出口贸易比例最高的地区，对美国、韩国的版权出口贸易基本维持在20%以下，英国、新加坡、日本则更是低于10%，至2014年，版权出口贸易比例最低的地区是新加坡，不足5%。

我国版权出口的省份则主要集中在北京，2006—2014年所占比例基本过半，2005年最高，为60%，之后虽有所下降，但至2014年仍然接近50%，而对上海、江苏、安徽、江西、湖北这五个省市，版权输出所占的比例基本低于10%。整体看来，我国版权出口的地区和省份太过集中，导致贸易区域过分狭窄，不利于我国版权贸易的多元化发展。

第4章　中国出版物贸易竞争力分析

4.1　国际市场占有率

中国实施出版业"走出去"战略以来，受资金支持、政策扶持、参与国际平台交流等因素影响，中国出版业出口贸易得到了一定程度的发展，但是与世界出版强国相比仍然存在一定差距。本书将中国出版业出口贸易存在的典型问题归结为出口贸易优势不明显，主要表现为出版物国际竞争力弱。

衡量一国或地区产品出口竞争力的指标通常有国际市场占有率、显示性比较优势指数和净出口指数三个指标。根据联合国贸易产业分类标准，第49类出版物包括印刷成品、图书、报纸、图片等，为了实现量化对比分析，本书采用2006—2015年联合国贸易数据进行分析。

国际市场占有率（MS）是指一个国家或地区某一产品出口额占世界出口总额的比重，反映该国或地区该产品所占国际市场份额的大小，在自由、良好的市场条件下，本国市场和国际市场一样，都是对各国开放的。一种产品在国际市场的占有率，反映该产品所处产业的国际竞争力大小，国际市场占有率越高，说明该国该产业或产品的出口竞争力越强。

利用联合国贸易统计数据整理计算得出的中国、英国、美国、德国、法国2006—2015年出版物国际市场占有率如图4-1所示。整体来看，

2006—2015年，中国、英国、美国、德国、法国5国中，国际市场占有率变化趋势分为3种：第一种是英、美、德三国出版物国际市场占有率整体小幅度波动下降，第二种是法国出版物国际市场占有率的变化趋势，2006—2014年法国出版物国际市场占有率持续下降约2个百分点，但2015年，法国出版物国际市场占有率增长速度惊人，接近16%，超过了一直以来处于领先地位的美、德两国，比美国高出约4%；第三种是中国2006—2015年的10年中出版物国际市场占有率一直呈现出较大幅度的增长趋势，出版物国际市场占有率从3.74%增长到9.44%。

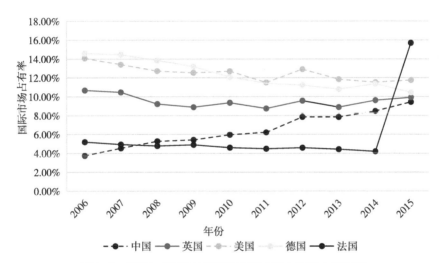

图4-1　2006—2015年出版物国际市场占有率水平比较

数据来源：United Nations Commodity Trade Statistics Database.

2006—2015年中国出版物国际市场占有率不断提高，具体来看，2006—2008年我国出版物国际市场占有率增长幅度明显；2008—2011年增长趋势减缓；2011—2012年增长幅度明显提高；2012—2013年变化不明显，基本保持稳定；2013—2015年我国出版物国际市场占有率从7.85%上升到9.44%，2013—2014年我国出版物国际市场占有率约为法国的2

倍;截至 2015 年我国出版物国际市场占有率已接近 10%,仅次于英国,整体增长趋势良好。与英、美、德、法 4 国相比,我国出版物国际市场占有率上升幅度明显,从 2005 年不足 4%,出版物国际市场占有率低于法国,到 2008 年超过法国,我国出版物国际市场占有率一直处于快速上升的趋势,在一定程度上与英国、美国、德国的差距在减小。

但从总体来看,同英国、美国、德国等出版强国相比我国仍处于落后的位置,2015 年,中国出版物国际市场占有率比增长迅速的法国低 6.26%。放眼世界我国出版物国际竞争力较弱,与出版大国身份明显不符,提高出版物国际市场占有率迫在眉睫。

4.2　显示性比较优势指数

1965 年，美国经济学家巴拉萨提出显示性比较优势指数（RCA），用于判断一个国家或地区的某种产品是否具有比较优势。通常采用一个国家或地区出口产品占其出口总值的比重与世界该类产品出口占世界出口总值的比重之间的比率进行衡量，一般以 0.8、1、1.25 和 2.5 作为参考衡量标准。当 RCA<1 时，表明该产品在本国或本地区的出口比重小于世界出口比重，该产品在国际市场中不具有比较优势；当 RCA>1 时，该产品在本国或本地区的出口比重大于世界出口比重，该类产品在国际市场中具有比较优势。更进一步，如果 RCA<0.8，表明该国或地区此类商品不具有比较优势，国际竞争力较弱；如果 RCA>1.25，该国或地区此类产品比较优势明显，国际竞争力较强；如果 RCA>2.5，该国或地区此类产品比较优势非常明显，国际竞争力很强。

利用联合国贸易统计数据计算得出中国、英国、美国、德国、法国的出版物显示性比较优势指数如图 4-2 所示，在这 5 个国家中英国的 RCA 指数一直处于最高（均高于 2.5），同时 RCA 指数的波动也是最大的。具体来看，2006—2009 年 RCA 指数波动相对较小；2009—2014 年波动幅度明显增大，2011—2014 年尤为明显；截至 2015 年 RCA 指数为 3.29。总体来看，2006—2015 年，英国出版物 RCA 指数在 2.5~4 波动，表明其出版物比较优势非常明显，国际竞争力很强。

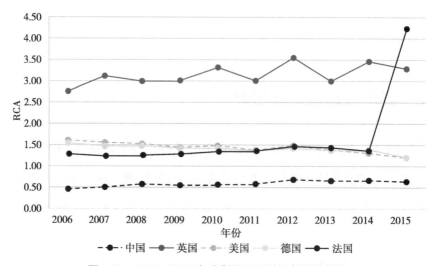

图4-2　2006—2015年出版物显示性比较优势指数

数据来源：United Nations Commodity Trade Statistics Database.

2006—2015年，美、德两国出版物RCA指数逐年递减，下降幅度约为0.5，除2015年，RCA指数均大于1.25；美、德两国出版物比较优势明显，在国际市场的竞争力较强。2006—2014年，法国出版物RCA指数波动较小，范围维持在1.25~1.5，与美、德两国之间竞争力的差距逐年减少，2011年之后基本持平；但是在2015年美、德两国出版物RCA指数明显下降均低于1.25，出版物在国际市场的比较优势减弱。相反，法国的出版物RCA指数大幅度的上升，接近4.5，一举超过多年来竞争力名列前茅的英国，出版物在国际市场的比较优势非常明显，国际竞争力直线上升。

与英、美、德、法四国相比，中国2006—2015年出版物RCA指数稳定在0.5，均不到英国出版物RCA指数的四分之一，表明中国出版物在国际市场中不具有比较优势，国际竞争力较弱。整体来看，2006—2015年10

年中，我国出版物RCA指数与美国和德国之间的差距有减小的趋势，但竞争力差距依然很大，与竞争力迅速上升的法国相比，我国出版物在国际市场上的比较优势亟须提高，作为出版大国，改善我国出版物在国际市场竞争力较弱的局面至关重要。

4.3 净出口指数

净出口指数（NTB）又称贸易竞争力指数，是指一国或地区某类产品进出口贸易的差额占其进出口贸易总额的比重，主要反映该国或地区此类产品的贸易竞争能力。净出口指数一般介于-1～1，极端值-1代表该国或地区该类产品没有出口只有进口，1代表该国或地区该类产品没有进口只有出口。具体来说，如果NTB>0，表明该国或地区是该类产品的净出口国，该产品具有贸易竞争力，NTB越接近1，该产品的贸易竞争力越强；反之，如果NTB<0，表明该国或地区是该类产品的净进口国，该产品贸易竞争力较弱，NTB越接近-1，该产品的贸易竞争力越弱。一般将NTB≥0.8的产品列为具有高比较优势的产品，有很强的市场竞争力；将0.5≤NTB<0.8的产品列为较强竞争力产品；将0<NTB<0.5的产品列为低竞争力产品；将-0.5≤NTB<0的产品列为低比较劣势产品，竞争力较差；将-0.8≤NTB<-0.5的产品列为高比较劣势产品，竞争力很差；将NTB<-0.8的产品列为强比较劣势产品，竞争力极差。

通过对中国、英国、美国、德国、法国2006—2015年出版物进出口贸易数据整理计算发现（图4-3）：整体来看，除法国外，其他4个国家出版物净出口指数在2006—2015年10年间均大于0，出版物在国际市场上都具备贸易竞争力。其中，中国、德国、英国排在前三位，但各国NTB波动幅度明显。具体来看，德国在10年里NTB波动在0.2～0.5，2006—2008年小幅度下降，2008—2009年下降幅度增大，出版物NTB从0.43下降到0.31，2009—2012年NTB上下小幅度波动，2012—2013年出版物NTB上升幅度明显，2013—2015年出版物NTB大幅度下降，至2015年德国出版物净出

口指数下降到 0.25，创历史新低。英国在 10 年里 NTB 波动在 0.1~0.3，
2006—2007 年有明显的下降，2007—2010 年持续大幅度上升至 0.25，
2010—2011 年有所下降，2011—2015 年小幅度波动，2015 年 NTB 为 0.23，
低于德国。美国在 10 年里 NTB 波动分为两个阶段：2006—2009 年出版物
NTB 持续上升，2009—2015 年整体下降明显，至 2015 年出版物 NTB 已经
下降到 0.02。相较而言，法国出版物 NTB 在 2008—2014 年均为负值，出版
物贸易竞争力较差；2014—2015 年迅速增长，出版物贸易竞争力达 0.08，
超过美国。

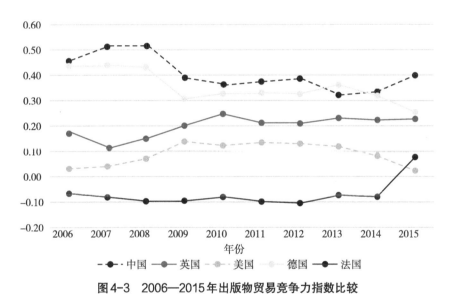

图 4-3　2006—2015 年出版物贸易竞争力指数比较

数据来源：United Nations Commodity Trade Statistics Database.

与英、美、德、法相比，中国出版物净出口指数靠前，波动幅度在
0.3~0.6，2006—2009 年波动幅度较大，但出版物 NTB 均高于英、美、德、
法 4 国；2009—2012 年出版物 NTB 小幅波动，贸易竞争力仍处于领先地
位；2012—2013 年有所下降，2013 年我国出版物净出口指数为 0.32，低于
德国；2013—2015 年出版物 NTB 迅速上升，在 5 国中排名第一，至 2015 年

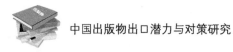

我国出版物NTB已经达到0.4，高于排在第二名的德国0.15，与美国之间的差距拉大到0.38。总体来看，我国出版物在国际市场的净出口指数排在前列，与英、美、德、法这些出版大国相比我国出版物具有很强的贸易竞争力，但是我国出版物在国际市场上仍处于低竞争力产品阶段。

第5章　中国出版物出口贸易影响因素分析

5.1　市场因素影响

5.1.1　文化差异

出版产业是市场经济的重要组成部分，作为出版业产品的出版物具有两个层面的双重属性。一方面，出版物具有物质产品和精神产品双重属性。正如马克思所说："一切艺术和科学的产品，书籍、绘画和雕塑等等，只要表现为物，就都包括在这些物质产品中。"出版物的这种双重属性是由其生产过程决定的。一般而言出版物的生产包括了精神生产过程和物质生产过程两个阶段，其中出版物的创意策划阶段属于精神生产过程，出版物的复制印刷属于物质生产过程。出版物的物质性和精神性决定其既要遵循物质生产规律，又会与人们的文化价值观念形成作用与反作用；另一方面，出版物具有文化意识形态和商品双重属性。这种双重性决定了出版企业必须既注重经济效益又注重社会效益。在出版物对外贸易中，出版物的物质属性和商品属性要求其接受市场约束，按照经济规律办事；同时出版物的精神属性和文化意识形态属性要求其维护民族文化传承。因此出版业对外贸易受到市场和非市场因素的影响。

文化与人类相伴而生，不同地区的人们由于历史、地理、习俗、宗教等原因形成了不同种类的文化，德国史学家斯宾格勒在被称为"历史博物馆"的力作《西方的没落》中曾经阐述了印度文化、巴比伦文化、埃及文化、中国文化、伊斯兰文化、古希腊罗马文化、墨西哥文化与西方文化等8种彼此独立的高级文化。荷兰学者霍夫斯泰德（Hofstede）是跨文化比较研究的创始人，他认为文化是在同一个环境中的人民所具有的"共同的心理程序"。文化不是一种个体特征，而是具有相同社会经验、受过相同教育的许多人所共有的心理程序。不同群体、国家或地区的人们因其受着不同的教育、有着不同的社会和工作，从而也有着不同的思维方式，因此不同群体、国家或地区的人们所共有的心理程序会有差异，即存在文化差异。文化差异对文化产品消费者的接受度非常关键，文化差异程度影响东道国消费者对文化产品的接受度，决定其对文化产品的下一轮购买。

英国传播学家丹尼斯·麦奎儿（Denis McQuail）指出："接受模式的核心就是将意义的归属和构建同受众联系起来，媒介信息总是开放、多义的，信息的诠释则根据语境和受众的文化而定。"产业经济学家考林·霍斯金斯（Colin Hoskins）提出了文化折扣概念，指出："扎根于一种文化的特定的电视节目、电影或录像，在国内市场很具有吸引力，因为国内市场的观众拥有相同的常识和生活方式；但在其他地方吸引力就会减退，因为那儿的观众很难认同这种风格、价值观、信仰、历史、神话、社会制度、自然环境和行为模式……外国电视节目或电影在价值（潜在收入）上就会减少。"这种由于文化差异影响引起的价值减少百分比叫做"文化折现"，也称为"文化折扣"。由于不同国家或地区的文化差异影响受众对文化产品意义的理解，文化产品的吸引力大大减退，产生文化折扣现象，最终影响产品的输出。对于文化贸易而言，文化差异所引起的文化折扣是横在不同民族国家与文化企业的一种特殊约束。由于东道国与文化出口国之间的文化差异程度不同，同一文化出口国对不同东道国文化贸易形成的文化折扣不尽相同。一般来说，文化差异大会增加两国进行文化贸易的不确定性和交易成本，进而增加两国的文化贸易流量。

为了分析文化差异对文化贸易的影响，必须明确文化的构成要素。Keegan认为，文化因素主要包括宗教、家庭、教育、社会因素、语言、观念等。Curry认为，文化要素包括语言、当地习俗、历史、教育、宗教与家庭。Cateora认为，文化要素主要由物质文化、社会制度、人和宇宙、美学、语言等构成。Czinkota认为，文化要素主要包括语言、宗教信仰、价值观、态度、行为和习惯、物质要素、审美、教育和社会制度等。Hofsted认为，文化要素包括国家层面、地区层面、民族层面、宗教或语系层面、性别层面、社会阶级层面、组织或公司层面。Hoyer认为，影响消费者行为的文化因素包括种族、宗教、阶层、家庭、价值观、人格、生活方式、参考群体和规范等方面。结合本课题研究对象的特点，我们认为影响文化贸易的文化因素主要包括语言、历史文化习惯和价值观等方面，其形成的文化差异会造成时间观念的差异、人际关系处理的差异、沟通形式差异、管理理念差异、决策差异等，因而会对跨国经营产生影响。

语言是"一系列字母、符号及它们的使用规则"，是一个民族或区域具体社会生活的反映，是保持国家和民族身份的重要特征之一。著名电影制片人费里尼曾说："不同的语言就意味着不同的生活态度。"表明语言对文化交流的重要作用。纵观全球语言环境，英语作为国际贸易官方语言优势明显，此外受历史条件影响，在非洲、南美洲及大洋洲等地区，英语作为当地通用性语言之一也具有先天优势。因此世界范围内的英语出版物，尤其英美等发达国家出版业借助语言优势拓展海外市场。相比之下，汉语虽然是世界使用人数最多的语言，但是这与中国人口基数庞大有重要关系，此外在东南亚、日韩等地，华人华侨人数众多，汉语影响比较显著，因而为中国出版业出口周边地区奠定了基础。

英国作家埃德蒙德·伯克说过："历史是死者、生者和未出生者之间的协定。"因而历史是文化的深层结构，文化是历史发展的沉淀。西方和东方文明具有不同的历史发展轨迹，形成了以基督教为内核的西方文化和以儒教为内核的东方文化。不同的文化历史会影响社会成员的道德观念、价值理念和风俗习惯等文化价值观，而文化价值观差异从根本上影响人们的选择、理解与整合，因此在文化贸易中要高度重视东道国文化价值观差异，采取措施最大可能规避受众接受障碍。中国出版物在跨文化传播过程中，文化价值观差异化造成的"文化折扣"现象明显，华文书刊始终传播于"汉文化"圈中。例如，莫言著作在美国市场遇到了10年销售不到一万册的尴尬局面，而在东南亚国家，尤其是泰国、越南、老挝等地区却受到热捧，而且当地设立了莫言研究会对其专门研究；《三国演义》《水浒传》等四大名著系列在韩国、日本广受好评，在欧美市场却无人问津，原因之一就在于其中的文化价值观差异明显。

5.1.2　出版业市场化程度

竞争是市场良性运行的润滑剂，没有竞争机制的有效运行，市场机制的作用很难充分发挥出来。竞争既包括买者和卖者双方之间的竞争，也包括买者之间和卖者之间的竞争。竞争机制要发挥作用需满足以下条件：首先，企业是真正的商品生产者和经营者，企业有权力根据市场状况去决定自己的生产方向和生产规模；其次，企业能够在竞争中获得经济利益，否则企业将失去积极性和主动性；最后，良好的竞争环境，可以防止垄断。

在国际文化贸易中，文化企业是竞争主体，竞争会激发文化企业创意，促进文化企业改进技术、改善管理、提高效益、增强国际市场竞争力。但是由于出版业具有经济发展与文化宣传双重属性特点，国家参与宏观调控力度比一般行业要大，造成出版业计划管理体制色彩较其他行业明显。首先表现在严格的书号控制，即出版管理部门通过书号分配、选题报审、内容审查等方式把关出版业发展方向。其次，严格的准入和退出机制严重阻碍了市场在资源配置过程中起到的作用。因此，尽管目前中国出版机构已经基本完成了转企改革，但是出版业市场化程度还是比较低，市场体系不健全。从图5-1来看，2005—2013年中国出版企业数量较少，市场利益杠杆调节作用不显著，相比之下，出版业市场化程度较高的日本出版社超过7000家，美国出版社超过9000家。再次，民营资本进入出版业难度较大。虽然中国国有书店及国有发行点不断下降，但是其变化幅度与一般服务领域商品相比降幅小，非公有制经济力量发展有限。中国出版业市场化程度较低阻碍了出版企业参与国际出口贸易的热情，降低了出版物出口贸易质量，最终导致提升中国出版物国际市场占有率能力受限。

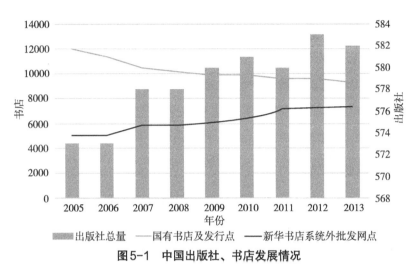

图5-1 中国出版社、书店发展情况

数据来源：中国新闻出版统计网。

5.1.3 出版企业发展

5.1.3.1 出版物质量水平

中国出版物包括图书、期刊、杂志的产量都比较高，供给规模很大，但是出版物在国际市场中的竞争力水平很低。一方面，选题及版面设计不符合国际图书市场需求。在选题方面，中国出口贸易书刊通常局限于医疗、武术等方面分散碎片化的展示，难以给海外读者留下全面而深刻的中华文化印象。相比之下，出版强国通常会采用系列式选题策划，如从国家社会发展、风土人情、宗教信仰、建筑饮食等角度系统化阐述本国文化内涵。在版面设计方面，西方图书设计追求的效果非常像演示文稿的变化形式，注重色彩的调和与丰富，文字设计简洁大方，留白明显，易于激发读者的想象力。相反，中国图书设计追求内容的丰满性和充实程度，尽可能地利用纸张空间表达更多的意图和内容，这样就压缩了读者的想象空间。中国传统优秀文化在翻译方面的局限性也造成较大的文化折扣，尤其是诗词歌赋难以保障"信、达、雅"的传播效果；另一方面，中国期刊在承载学术创新、学术交流、学术积累方面成果较少，竞争力相比西方国家偏弱。中国学术期刊还面临着办刊体制复杂、布局分散、规模小、内容交叉重叠、市场竞争意识不强、产业集中度低等诸多问题，这就造成学术期刊国际影响力较小、高水平学术期刊主要通过海外进口、扩大版权逆差尤其是期刊版权逆差问题。

5.1.3.2　国际影响力

出版集团化发展不仅可以充分发挥规模效应，而且有助于出版业实现多样化发展、科技创新及科学经营与管理。但是，中国出版集团在国际贸易竞争中面临的国际影响力小、国际出版集团数量少、通过版权进口增加国内影响力等问题。中国出版集团化发展主要通过政府行政力量进行横纵向并购重组，形式上的统一并没有彻底改变企业内部在资源、资金、技术、人才等方面的矛盾。根据表5-1，与世界前五大集团培生（93.3亿美元）、励德爱思唯尔（72.88亿美元）、汤姆森路透（55.76亿美元）、威科（49.2亿美元）、企鹅兰登书屋（36.64亿美元）相比，中国出版集团发展规模与收入水平比较低。根据亚马逊2014年畅销书排名，《列车上的女孩》《五十度灰》《设立守望者》《夜色之门》《记忆人》等作品出版主要由英、美、法等国家大型出版集团包揽。中国不缺乏优秀作家和图书精品，但是鲜有图书成为世界性的畅销读物。出版集团实力弱小造成中国出版业难以实现"借船出海"的蓝图，出版业品牌影响力主要集中在周边国家，难以深入欧美地区，极大地困扰中国出版物出口数量上的突破。同时，国内部分出版社通过盲目引进海外畅销书以提高国内市场竞争力的行为，直接扩大了出版业进口贸易的种类和数量，降低了中国出版业整体贸易竞争指数。

表5-1　2014年中国收入前五名出版上市公司

排名	公司名称	营业收入/亿元	利润总额/亿元
1	中文传媒	105.03	9.52
2	凤凰传媒	96.18	12.49
3	中南传媒	90.39	15.49
4	大地传媒	71.03	6.52
5	皖新传媒	57.45	7.03

数据来源：根据证券之星数据整理。

5.1.3.3　出版人才

人才在出口贸易过程中起着关键性的作用，尤其在出版业等文化产业依托人才作为核心竞争力的行业类型中。从表5-2中国出版业就业相关人数来看，出版业人数最主要构成部分是出版物发行人员（占63.51%），图书、刊物出版人数所占比例偏低（不足35%）。出版业贸易人才主要包含两种，翻译人才和版权贸易人才。一方面，出版物质量的高低水平很大程度上来自于翻译水平。我国职业翻译人才不足5万人，相关从业人群约为50万人，但是真正胜任出版翻译人员，尤其是综合社科要求素质较高的人员严重不足。翻译人才数量相对匮乏，相关待遇水平偏低，造成了语言翻译过程中缺乏人才保障，直接阻碍了中国出版物走向国际市场的进程。例如，鲁迅的《朝花夕拾》系列作品版权早在2004年就被英国购买，但是由于缺乏翻译人才，现在依然无法出版发行。此外翻译人才需要有较强的综合文化素质，在了解尊重当地的宗教信仰、语言文化、风俗习惯的基础上，才能实现翻译的准确性与艺术性，但是翻译院校及普通院校翻译专业设置不合理，缺乏对学生综合素养的培养。同时，国际间版权贸易人才的缺失是阻碍中国版权出口贸易过程中另一大因素。由于中国版权贸易起步比较晚，版权贸易人才培养缺失，同时对国际版权交易规则缺乏了解，造成中国版权贸易在走向海外过程中尤其是文化差异明显的非洲、拉丁美洲等地区缺少沟通者，直接影响了海外读者对中国出版物的接受，中国出版业出口海外市场过程中"文化折扣"现象明显，降低了出版物的国际竞争力水平。

表5-2　中国出版业相关从业人员

产业类型	人数/万人	与2013年相比/万人	比重/%
图书出版	6.61	+1.97	5.61
报纸出版	24.59	−6.54	20.86
期刊出版	11.13	+2.04	8.41
音像制品出版	0.49	+17.29	0.42
电子出版物	0.20	−11.52	0.17
出版物发行	74.88	+3.26	63.51
总计	117.9	+6.5	100

数据来源：2014中国统计年鉴（未包含印刷复制人员、版权贸易人员）。

5.1.4　商业运作

版权代理是指作者或其他著作权人将自己享有著作权的作品委托于代理机构，代替自己进行版权交易，在开展国际版权贸易过程中起到重要的桥梁和纽带作用。

与西方出版强国相比，中国版权出口贸易产业起步较晚，版权代理体制还不完善，在发展过程中出现了诸多问题。首先，版权代理企业数量较少，目前经国家批准的版权代理公司只有28家。英国版权代理公司超过200家，美国超过600家，国际版权贸易活动80%通过版权代理公司实现。其次，从表5-3来看，中国版权代理公司以国有单位性质为主，版权代理类型主要集中在图书版权方面（23家），这就造成中国版权输出不平衡，期刊、音像等版权出口贸易不足。再次，中国版权代理企业主要集中在上海、北京等经济发达区域，中西部版权代理公司数量不足，阻碍了版权出口贸易的内部平衡性，尤其是一些西部优秀书刊难以走向海外市场。最后，民营性质版权代理公司发展活跃，但是其主营业务以版权输入为主，大量引入西方书刊版权，加重了中国版权贸易逆差问题。此外，中国版权代理机制受人才匮乏、版权贸易法律法规不成熟等条件影响。其中，中华版权代理总公司（中国最大版权代理机构）业务员不足20人，上海版权代理公司业务员不足10人。

表5-3　中国版权代理公司发展状况

性质	代表公司	主营业务	代表作品
国营性质	中华版权代理总公司、上海版权代理公司、北京版权代理公司等	接受作者委托代理、代理作者联系作品的发表和出版、调解版权纠纷、代理版权诉讼	《复活人参果》（出口瑞典）、莫言作品（出口东南亚地区）
民营性质	读书人、成诚、正源等	以向内引进版权为主，寻求将国外畅销图书引进国内进行代理	《富爸爸穷爸爸》《谁动了我的奶酪》
网络版权代理	中华版权网、京华传媒网、盛大文学、天涯等	版权生产，版权分销，一次生产、多次利用	《鬼吹灯》《盗墓笔记》《明朝那些事儿》

资料来源：中国版权保护中心。

5.2 非市场因素影响

5.2.1 文化贸易壁垒

文化是上层建筑，与生产力的发展程度密切相关。在全球化中保持文化的独特性或多样性不论对于一国国际地位还是对于本民族历史延续和发展都非常重要。早在1993年，加拿大和欧共体（以法国为代表）就强烈反对将视听媒体囊入即将成立的世界贸易组织的法律制度中并受其调整，而是主张将文化产品作为例外条款写入协定，即所谓的"文化例外"原则。1999年，欧共体成员国在世界贸易组织部长级会议中提出保护文化多样性这一概念。2001年11月2日，在联合国教科文组织第31届大会上，通过了《联合国教科文组织文化多样性宣言》，指出："文化多样性是交流、革新和创作的源泉，文化多样性对人类来讲就像生物多样性对维持生态平衡那样必不可少，文化多样性是人类的共同遗产，应当从当代人和子孙后代的利益考虑予以承认和肯定。"2003年3月，由联合国教科文组织秘书处发动的"关于建立文化多样性的标准文本的初步研究"提到了执行委员会日程。2005年10月，联合国教科文组织通过了对于贸易和文化具有里程碑意义的《保护和促进文化表达多样性公约》，即CCD公约，表明绝大多数贸易利益国家赞同保护和促进文化多样性。

文化产品作为一个国家价值形态的传播载体，通过文化贸易可以对进口国家传递其文化价值理念，从而潜移默化间对其产生影响。基于文化产业精神属性的特点，世界多国一方面出于保护本国文化产业的优势地位，另一方面是为了保护文化的多样性、维护国家文化安全、保证民族文化的传承性，对外来文化采取贸易保护主义和防范机制。法国学者克洛德·莱维·斯特劳斯指出，随着全球化的加剧及外部多样性的衰退，保护和维持由不同群体和亚群体构成的每个社会的内部多样性就迫在眉睫，因为所有这些群体、亚群体都在发展它们认为是非常重要的差异。以法国、加拿大为首的欧洲、美洲国家认为，文化产业事关民族、国家价值认同与凝聚力问题，关系到国家文化主权与文化安全，因此要限制国外文化产品的进入，保护本国的文化产业，使其做大做强，成为优势产业，从而夯实本国的文化软实力。因此，这些国家主张文化例外论与文化多样性，不主张自由文化贸易，在遵循基本市场规律约束下运用关税和非关税等多项措施限制国外文化产品进口，保护并鼓励本国文化产业发展与出口。

文化贸易壁垒国家主要集中在法国、意大利、加拿大、巴西、阿根廷、韩国等，见表5-4。以法国为例，为了保护本民族文化安全，在服务壁垒、数量限制、审查制度等方面都具有严格要求。例如20世纪90年代，法国提出"文化例外"贸易准则，法国引进的文化贸易产品占国内文化产品总量最高比例为40%；与欧盟成立"媒介计划"，每年投入40万欧元预算拨款以支持本土出版产业发展；法国还实行文化产品的普遍检查制度，对于外来出版物进行严格把关。中国出版物受高税率和数量限制等因素影响，价格优势无法得到保障，造成中国出版业难以打开欧洲和美洲市场的大门。相反，亚洲出版市场相对开放，中国出版物进入难度有所下降，这是造成中国出版业出口贸易区域集中在东南亚、日韩地区的重要原因之一。

表5-4 文化产业贸易壁垒情况

地区	国家	关税	服务壁垒	数量限制	审查制度
欧洲	英国	0	0	1	0
	德国	0	0	0	0
	法国	0	1	1	1

续表

地区	国家	关税	服务壁垒	数量限制	审查制度
	瑞典	0	0	0	0
	意大利	0	1	1	0
	荷兰	0	0	0	0
北美洲	美国	0	0	0	0
	加拿大	0	1	1	0
南美洲	巴西	1	1	1	0
	阿根廷	0	1	1	0
	智利	0	0	0	0
亚洲	中国	0	0	1	1
	韩国	0	0	1	1
	日本	0	0	0	0
	新加坡	0	0	0	0
大洋洲	澳大利亚	0	0	1	0

注：0表示无，1表示有。

数据来源：根据美国文化产业网站整理。

5.2.2 出口补贴

为鼓励和支持出口，出口补贴是最常用的手段之一。出口补贴又称出口津贴，是一国政府为了降低出口商品的价格，增加其在国际市场的竞争力，在出口某商品时给予出口商的现金补贴或财政上的优惠待遇，分为直接补助和间接补助两种形式。直接补助是政府直接向出口商提供现金补助，间接补助是政府对选定商品的出口给予财政税收上的优惠，如对出口商品减免国内税收。

由于文化产业是特殊产业，各国对其保护力度较大，尤其是持"文化例外论"观念的国家将出口补贴作为一种通行的隐性非市场性约束，对国际文化贸易产生较大影响。例如，法国通过电影资助法案资助高质量的电影制片人；为使本国电影产业具有国际竞争力，瑞典政府通过观影者课税资助创作有一定艺术质量的作品；荷兰政府推出大型文化计划和大型长片生产支持计划，支持本国在音乐、歌剧、喜剧、电影制作等领域快速发展。

第6章 出版物出口潜力测算与区位选择

6.1 模型构建与数据来源

6.1.1 基础引力模型

自20世纪60年代以来，学界开始借用引力模型作为诠释双边贸易流量的分析工具，广泛应用于测算贸易潜力、鉴别贸易集团效果、分析贸易区位选择及估计贸易壁垒的边界成本等领域，并较好地解释了在现实中观察到的一些经济现象，在国际贸易研究中获得较大成功。本章将运用修正引力模型来解释发展中国家和地区出版物出口贸易流量影响因素，从总量上测算中国出版物出口潜力，并进一步分析中国出版物出口贸易的区位分布规律，试图从理论上为中国出版物出口贸易区位选择提出建议，为政府和出版企业的决策提供参考。

引力模型最初起源于物理学中牛顿的万有引力定律，即两个物体之间的引力与它们各自的质量成正比，与它们之间的空间距离成反比。受物理学中万有引力定律的启发，Tinbergen（1962）和Poyhonen（1963）最早将引力模型应用到国际贸易领域，用两国经济总量GDP替代万有引力定律中的质量，用国家间的地理距离替代物体之间的空间距离。他们的研究发现两国的双边贸易流量与它们各自的经济总量成正比，而与它们之间的地理距离成反比。其中，出口国的经济总量反映了潜在的供给能力，进口国的经济总量反映了潜在的需求能力，双方的地理距离（运输成本）则构成了两国之间贸易的阻力因素。因而，贸易引力模型的基本形式是：

$$T_{ij} = AY_iY_j/D_{ij}$$

其中，T_{ij} 是双边贸易流量；A 是常数项；Y_i 和 Y_j 分别是 i 国（地区）和 j 国（地区）的 GDP；D_{ij} 表示两个国家（地区）的地理距离，通常用两国首都或经济中心之间的距离来表示。

该式中，双边贸易流量与各解释变量间是非线性关系，通过对该模型两边取对数对其进行线性转化，得出：

$$\ln T_{ij} = \beta_0 + \beta_1 \ln Y_i + \beta_2 \ln Y_j + \beta_3 \ln D_{ij} + \mu_{ij}$$

其中，$\ln T_{ij}$、$\ln Y_i$、$\ln Y_j$、$\ln D_{ij}$ 分别是 T_{ij}、Y_i、Y_j、D_{ij} 的自然对数形式；β_0、β_1、β_2、β_3 分别是对应的回归系数；μ_{ij} 是标准随机误差。

各领域学者们根据具体问题引入新的解释变量，多角度、多方位地丰富和拓展了贸易引力模型。本书将根据出版物贸易的理论分析，借鉴其他领域实证研究方法，构建针对出版物出口贸易的扩展引力模型。

6.1.2 出版物出口扩展引力模型

基本引力模型考虑了反映供给能力和需求能力的贸易双方经济总量及地理距离对贸易流量的影响，但是从前面有关出版物贸易影响理论分析可以看出，出版物贸易影响因素除贸易双方经济总量、地理距离之外，还应包括贸易双方的经济发展水平及文化差异性。因此，本书拟将这些影响因素纳入基本引力模型，构建出版物贸易扩展引力模型。其中被解释变量为 i 国对 j 国的出版物出口额，解释变量含义及其对被解释变量的理论影响如下：

（1）经济规模。贸易双方的经济规模越大，贸易潜力就越大，出版物贸易流量就越大。本书采用国内生产总值（GDP）作为出口国与进口国经济规模的衡量指标。

（2）地理距离。代表运输成本的高低，是阻碍国际间贸易的重要因素。贸易两国地理距离越远，运输成本就越高，出版物贸易量就越小；反之，贸易两国地理距离越近，运输成本就越低，出版物贸易量就越大。国家或地区之间的地理距离表示两个国家或地区之间的球面距离。一般地，学术界多以两个国家或地区的首都（首府）之间的地理距离来表示。部分学者采用两个国家或地区人口最多城市之间的人口加权距离。由于各国人口处于变动中，且目前没有最新的数据，因此本书采用两个国家或地区的首都（首府）之间的地理距离予以测量。

（3）经济发展水平。反映一国或地区的出版物出口供给能力或需求水平，母国经济发展水平越高，潜在的出版物出口供给能力越大，出版物出口流量也就越大；东道国经济发展水平越高，潜在的出版物需求水平就越高，出版物进口流量也就越大。因此母国和东道国经济发展水平都会对出版物贸易起积极作用。本书采用人均国内生产总值作为母国和东道国经济发展水平的衡量指标。

（4）文化差异。不同国家或地区在价值观、准则、制度、宗教信仰等方面存在差异，一般来说文化差异是影响文化产品出口的重要因素。两个国家或地区间居民偏好、习俗、价值观、信仰和道德观念等的不同而形成的心理距离越大，"文化折扣"现象越突出，文化贸易量就越小。因此，一般认为两国的文化差异会增加两国进行贸易的不确定性和交易成本，减少两国的对外贸易流量。本书将用"文化距离"从反面来考察文化差异对出版物贸易的影响，理论上讲国家间日益增加的文化距离会使文化产品贸易复杂化并带来交易成本的增加，因而对两国间文化产品贸易流量有负向影响。

因此，出版物出口扩展引力模型为：

$$\ln \mathrm{EX}_{ij} = \beta_0 + \beta_1 \ln \mathrm{GDP}_i + \beta_2 \ln \mathrm{GDP}_j$$
$$+ \beta_3 \ln D_{ij} + \beta_4 \ln \mathrm{GPC}_i + \beta_5 \ln \mathrm{GPC}_j$$
$$+ \beta_6 \ln \mathrm{CD}_{ij} + \mu_{ij}$$

其中，因变量 EX_{ij} 为 i 国或地区对 j 国或地区的出版物出口额，各解释变量含义、对因变量的理论预测影响与预期符号参见表6-1。

表6-1 解释变量含义及说明

解释变量	含义	理论说明	预期符号
GDP_i	母国i的国内生产总值	母国经济规模越大,贸易潜力就越大,出版物贸易流量就越大	+
GDP_j	东道国j的国内生产总值	东道国经济规模越大,贸易潜力就越大,出版物贸易流量就越大	+
D_{ij}	两国之间的地理距离	阻碍国际间贸易的重要因素。地理距离越远,出版物贸易量就越小	−
GPC_i	母国i的人均国内生产总值	反映母国出版物出口供给能力,母国经济发展水平越高,潜在的出版物出口供给能力越大,出版物出口流量也就越大	+
GPC_j	东道国j的人均国内生产总值	反映东道国出版物进口需求水平,东道国经济发展水平越高,潜在的出版物需求水平就越高,出版物进口流量也就越大	+
CD_{ij}	两国之间的文化距离	反映两国间的文化差异。两国间的文化差异越大,出版物贸易流量就越小	−

6.1.3 样本与数据来源

6.1.3.1 样本国家范围

本书利用2015年发展中国家或地区对世界(包括发展中国家或地区和发达国家)的出版物出口贸易流量的截面数据进行引力模型的回归测算,其结果将作为"典型"的发展中国家和地区的出版物出口贸易决定方程,据此可以对中国出版物出口贸易潜力进行测算。本书选取16个发展中国家或地区(包括中国)及20个发达国家作为样本,其中发展中国家或地区包括中国、巴基斯坦、巴西、俄罗斯、菲律宾、马来西亚、墨西哥、南非、泰国、土耳其、中国香港、新加坡、印度、越南、印度尼西亚;发达国家包括美国、日本、德国、荷兰、英国、意大利、法国、澳大利亚、加拿大、比利时、西班牙、瑞典、芬兰、丹麦、爱尔兰、奥地利、以色列、新西兰、挪威、波兰；鉴于极少数国家之间的双边贸易统计数据不可获得，本书的实际观察样本容量为452个观测值（理论样本容量为16×36=576）。

选取这些国家作为出版物贸易流量引力模型样本国家或地区的主要原因在于以下两点：第一，所选取的36个样本国家和地区大多是中国出版物出口前50位以内的主要贸易伙伴，2015年中国对其出版物出口额占出版物出口总额的90%以上（COMTRADE数据库），这有利于后面对中国出版物的国别出口潜力进行估算和分析；第二，这些发展中国家和地区的出版物出口贸易占据了整个发展中国家和地区出版物出口贸易的主导地位，以其作为样本估计发展中国家和地区的出版物出口决定方程具有较强代表性。

6.1.3.2　变量测算与数据来源

1.文化距离测算

1）文化距离概念界定

"文化距离"概念由芬兰学者Luostarinen在1980年首次提出，他指出母国与东道国之间那些一方面能够创造知识需求，另一方面又阻碍知识流动导致其他流动也受到阻碍的要素总和称为"文化距离"。之后这个概念便在国际商务学、管理学、市场营销学、财务会计学等各种商业管理学科中得到广泛的应用。然而，对"文化距离"的定义，学术界至今还没有一个统一的标准。

梳理学术界有关"文化距离"的界定，主要有以下四种：一是Kogut和Singh（1988）认为，在跨国并购的案例中，国家文化距离指的是收购方代表的东道国与被收购方代表的目标国家之间在管理和组织设计的规范、惯例等各方面的差异距离；二是Lee（1998）和Swift（1999）认为，"文化距离"和"心理距离"（psychic distance）实质上是一致的，即"由于母国与东道国之间由于语言、商业惯例、法律和政治系统及营销设施的不同而导致的国际市场投资者的社会文化认知的差异距离"；三是Johanson和

Vahlne（1977、1990）认为，"文化距离"是指母企业与海外子公司之间在文化特征上的差异程度；四是Hofstede（2001）、Chen和Hu（2002）等学者认为，文化距离指处于不同地域、不同民族之间文化差异的数量化分析，是指不同群体相互区别的思维模式集合，具体到国家是指一国原始的价值观念规范与他国的差别程度。

2）经典文化维度理论

第一，Hofstede文化六维度理论。

荷兰学者霍夫斯塔德（Hofstede）提出了经典的文化六维度理论。霍夫斯塔德（1980）通过问卷调查的方式，对1967—1973年来自40个国家包括工人到博士在内的人员进行调查，根据调查结果提出文化四维度理论，即权力距离（PDI），个人主义－集体主义（IDV）、不确定性规避（UAI）和阴柔气质－阳刚气质（MAS）。1991年，Hofstede利用Michael Harris Bond等学者对管理层华人价值观的调查研究结果，扩充了文化的第五个维度：长期导向－短期导向（LTO）。2010年Hofstede基于Minkov对93个国家和地区运用世界价值观调查研究基础上，提出了文化的第六个维度：放纵－约束（IVR）。

权力距离（PDI）。权力距离反映的是人们对于权力和地位在社会中分布不平等的接受程度。在权力距离高的社会里有明确的等级划分，人们接受不平等的程度高；反之，在权力距离低的社会里人们更期望权力和地位在社会中分布平等，会积极争取权力的平等划分并且为不平等权力进行辩解。相比而言，拉丁美洲、亚洲、非洲和阿拉伯地区的PDI得分较高，而德语系地区、斯堪的纳维亚地区、英美及帝国时期白人殖民地的PDI得分较低。

个人主义－集体主义（IDV）。个人主义－集体主义反映的是人们的价值取向。其中个人主义是指在松散型社会人们之间的联系松散，不善于合作，人们仅是以自我或家庭为中心；而集体主义则指在紧密型社会中人们由于组织而紧密联系，个人会以绝对的忠诚度换取组织对他的保护。相比而言，亚洲、非洲、拉丁美洲等地区的集体主义指数较高，北美、欧洲等地区的个人主义指数较高。

不确定性规避（UAI）。不确定性规避反映的是人们对环境的不确定性及未知性的容忍程度。在不确定性规避弱的国家，人们容易接受不确定性和不同于他们的行为和意见，对行动大于原则有较大的宽容度；而在不确定性规避强的国家，人们对不确定性不易接受，会建立规章制度减少不确定性，对信仰和行为有着严格的守则，无法容忍异端行为。一般来说，拉丁美洲、南欧、东欧、德语系国家和日本的 UAI 得分较高，而英国、北欧等国家的 UAI 得分较低。

阴柔气质–阳刚气质（MAS）。阴柔气质–阳刚气质反映的是人们对社会中性别角色的态度。阳刚气质的国家崇尚成功、竞争、英雄主义、处事果敢等；阴柔气质的国家则偏好合作、谦虚、关怀弱者。相比之下，日本、德国等国家的阳刚气质比较明显，北欧国家的阴柔气质比较显著。

长期导向–短期导向（LTO）。长期导向–短期导向反映的是人们对未来的态度。长期导向的社会提倡节俭、坚持不懈和现代化教育，倾向培养人们面向未来的务实美德和适应环境变化的能力，并以此来为未来做准备；短期导向的社会关注由来已久的传统和规范，倾向培养人们的民族自豪感、尊重传统和履行社会义务等方面。在东亚等受儒家文化影响的国家或地区 LTO 得分较高；英美国家、伊斯兰国家、非洲和拉丁美洲地区的 LTO 得分较低。

放任–约束（IVR）。放纵–约束反映的是人们对生活的态度。放任的社会允许公民在自由度内享受生活与日常娱乐活动等基本需要和自然需求；约束的社会制定一系列规则、规范来制约公民享受生活与娱乐活动。拉丁美洲、非洲部分地区、英美国家和北欧的放任指数较高；东亚、东欧和伊斯兰国家的约束指数较高。

自从 20 世纪 80 年代初以来，霍氏理论一直是海外研究者进行跨文化研究的主要工具之一，对跨文化研究产生了巨大的影响。

第二，Schwartz 文化维度。

Schwartz（1992）认为早先文化研究的文献中存在缺陷，如 Hofstede 的文化维度理论完全基于数据整理而非理论指导的基础上进行汇总，一部分很重要的价值观维度可能被遗漏。他详细列举了 56 个跨文化领域个体价值观涵盖国家间文化距离的所有维度，而后通过检验剔除了重复和相同意义的价值观维度，提炼出其中 45 个维度，并提出了 10 种价值/需求导向。Schwartz 把价值观细分为 10 个类，以此来代表人们的普遍行为。这 10 种价值观分别是：权利（power）、成就（achievement）、享乐主义（hedonism）、刺激（stimulation）、自我导向（self-direction）、普遍主义（universalism）、仁慈（benevolence）、传统（tradition）、遵从（conformity）、安全（security）。之后将这 10 种价值导向进一步概括为两个维度：一个是开放-保守维度，开放包括自我定向、刺激、享乐主义；保守包括传统、遵从、安全。另一个是自我提高-自我超越的维度，自我提高包括权利、成就；自我超越包括普通性、慈善。

与霍夫斯塔德的六维度理论相比，Schwartz 的数据收集更加齐全、时间跨度更大，选取数据的方式也更为科学、分析更为全面，得到了 Breet 和 Okumura（1998）的认可。2006 年 Drougendijk 和 Slangen 首次通过实证分析验证了 Schwartz 价值框架对文化距离的测量力度，验证了其理论框架更有利于解释海外投资与子公司运营。

第三，Inglehart 文化维度。

Inglehart 从 1981 年起和他的团队对西方 20 多个发达国家及亚洲、非洲、拉美、东欧部分国家的价值观变迁，进行了长达 30 年调查，即世界价值观调查研究（WVS）。基于 WVS 调查，2004 年 Inglehart 利用因式分析法把 WVS 文化因素进程分为传统-世俗理性价值观维度（TSR）和生存-自我价值观维度（SSE）。

传统-世俗理性价值观维度（TSR）指从农业社会到工业社会的转变过

程中传统权威向现代理性的价值观变化。传统社会着重于恪守宗教社会规范，较高的民族自尊心、自豪感，社会中人们认为大家族中子女多应为正面积极的典型；世俗理性价值观认为公正合理的法律规范是社会的保证，强调经济积累和个人成就。生存–自我价值观维度（SSE）指从基本需求得到满足到看重追求生活品质的社会价值观变化。生存观社会认为：个体经济安全与物质占有大于人身自由权；民族多样性、文化变迁对本国发展的威胁，不能容忍同性恋及少数民族的存在；自我价值观强调自主选择权，助长幸福感、对多元文化的包容，个人主张和个人自由是自我表现价值的核心精髓。

3）文化距离测量

基于以上经典文化维度理论，学者们尝试对文化距离进行测量，形成的主要测量方法包括：基于 Hofstede 文化维度计算的 KSI 文化距离指数和 EDI 空间指数及基于 Inglehart 文化维度数据发展而来的 WTI 文化距离指数。

（1）KSI 指数。Kogut 和 Singh（1998）在 Hofstede 文化四维度理论基础上提出 KSI 指数，首次将文化距离给予具体量化指标，通过对每个文化维度异方差进行校正取平均偏差进行测算。

各文化维度上的距离为：

$$CD_{kij} = \left(I_{ki} - I_{kj} \right)^2 / V_k$$

其中，CD_{kij} 表示 i 国（地区）与 j 国（地区）在 k 文化维度上的距离；I_{ki} 和 I_{kj} 表示 i 国（地区）与 j 国（地区）在 k 维度上的分数；V_k 表示所有样本国（地区）k 维度分数的方差。而两国（地区）之间的总文化距离为两国在四个文化维度上距离的算术平均数，具体计算公式为：

$$CD_{ij} = \frac{1}{4} \sum_{k=1}^{4} \left(I_{ki} - I_{kj} \right)^2 / V_k$$

其中，CD_{ij} 表示 i 国（地区）与 j 国（地区）的总文化距离。

后来，伴随 Hofstede 文化维度理论由四维扩展为六维，人们将 KSI 指数扩展为从六个文化维度进行测量，即

$$CD_{ij} = \frac{1}{6}\sum_{k=1}^{6}\left(I_{ki} - I_{kj}\right)^2 / V_k$$

（2）EDI指数。EDI指数即欧几里得空间距离测算方法（Euclidean distance），也是基于Hofstede的文化四维度框架而来。与KSI指数不同的是，该方法并不认为霍夫斯塔德所提出的四个文化维度对文化距离的影响程度同等重要，需要对四个差异维度进行平方根而不是算数平均的计算。计算公式如下：

$$CD_{ij} = \sqrt{\sum_{i=1}^{4}[(I_{ij} - I_i)^2 / V_i]}$$

其中，CD_{ij}表示i国与j国的总文化距离，I_{ki}和I_{kj}表示i国与j国在k维度上的分数，V_k表示所有样本国（地区）k维度分数的方差。

（3）WTI指数。WTI指数是White和Tadesse文化距离指数。该指数是由Inglehart等学者在WVS过程中对样本国（地区）数据进行整理分析得到具体数值。该指数选取数据覆盖了世界70%以上的文化多样性，并包括了经济发展、政治民主化、宗教、性别比例、社会资本、幸福感指数、科技进步、环境保护等诸多方面。Inglehart基于2004年所提出的TSR和SSE相关数据，整理得到如下公式：

$$CD_{ij} = \sqrt{(\overline{TSR_j} - \overline{TSR_i})^2 + (\overline{SSE_j} - \overline{SSE_i})^2}$$

其中，CD_{ij}是东道国（地区）j与母国（地区）i之间的文化距离。

该方法可以细分为水平文化距离与垂直文化距离两个方向：垂直文化距离是东道国与母国之间传统价值与世俗理性价值之间的差异（$D_{TSR} = \overline{TSR_j} - \overline{TSR_i}$）；水平文化距离是东道国与母国之间的生存价值与自我表现价值之间的差异（$D_{SSE} = \overline{SSE_j} - \overline{SSE_i}$）。

除了以上三种比较经典的测量方法外，还有一些学者根据不同的文化框架提出了不同的文化距离测量方法：如Jackson（2001）根据霍夫斯塔德的文化维度提出文化多样性指数计算，计算出的数值代表文化距离。Drogendjk和Slangen（2006）两位学者基于Bell（1996）的研究结果提出了感知文化调研数据文化测量方法；Clark 和 Derek（2001）把文化距离定义为"所在国所在的文化组别与目标国所在的文化组别之间的文化差异程度"，并在此文化距离概念的基础上提出用文化集群距离指数来表示国家间的文化距离。

本书中贸易两国或地区间文化距离采用 KSI 指数进行测算，其中样本国或地区六个文化维度值通过 Hofstede 官网（https：//geert-hofstede.com/）公布数据整理得到。

2. 数据来源

各样本国家之间的出版物双边贸易流量数据来自联合国商品贸易统计数据库（COMTRADE），发展中国家或地区的出版物出口额依据各国或地区的出口报告。

2015 年各样本国家或地区的国内生产总值（GDP）和人均国内生产总值均来自国际货币基金组织（IMF）的《世界经济展望》（WTO）数据库。

各样本国家或地区之间的地理距离数据来自 CEPII 数据库中的 Geography（dist_cepii）数据集。

6.2　实证分析结果

　　首先，检验基础引力模型，表6-2中的回归结果（1）显示，贸易双方经济规模和地理距离都对出版物出口流量有显著影响，这表明基本引力模型可以较好地说明发展中国家和地区出版物双边贸易流量的决定因素。

　　其次，将模型的解释变量扩展到包括出版物出口的所有潜在影响因素，得到扩展引力模型。表6-2中回归结果（2）的拟合效果明显优于基础引力模型下的回归结果（1），所有解释变量的回归系数均与预期符号相同。进一步观察回归结果（2）可以看出，进口国和出口国GDP、出口国人均GDP及两国的地理距离在1%的显著性水平下对出版物出口流量影响显著，其中进口国和出口国GDP、出口国人均GDP对促进出版物出口有积极作用，地理距离则会阻碍出版物出口贸易；进口国人均GDP在10%的显著性水平下对出版物出口流量有显著促进作用，而两国间的文化距离对出版物出口流量有负向影响，但是影响不显著。

表6-2　引力模型不同形式的回归结果

	基本引力方程	扩展引力方程		
	回归结果（1）	回归结果（2）	回归结果（3）	回归结果（4）
常数项	−23.588 (−4.738***)	−44.795 (−9.698***)	−44.265 (−9.748***)	−43.039 (−9.599***)
$\ln GDP_i$	1.040 (8.600***)	1.059 (10.281***)	1.063 (10.345***)	1.069 (10.388***)
$\ln GDP_j$	0.795 (6.322***)	1.012 (9.341***)	1.006 (9.325***)	1.005 (9.295***)

续表

	基本引力方程	扩展引力方程		
	回归结果（1）	回归结果（2）	回归结果（3）	回归结果（4）
$\ln D_{ij}$	−1.593 (−8.379***)	−1.706 (−10.175***)	−1.728 (−10.536***)	−1.682 (−10.399***)
$\ln GPC_i$		0.199 (1.719*)	0.169 (1.597)	
$\ln GPC_j$		1.553 (13.219***)	1.546 (13.232***)	1.537 (13.146***)
$\ln CD_{ij}$		−0.119 (−0.640)		
调整后的 R^2 DW 值 F 统计量	0.269 0.826 54.882	0.469 1.096 67.406	0.470 1.101 80.913	0.468 1.119 100.156

注：括号内为 t 统计值；***表示在1%显著性水平下显著，**表示在5%显著性水平下显著，*表示在10%显著性水平下显著。

考虑到东道国（地区）人均GDP、文化距离两个解释变量的回归系数虽然与预期符号相符，但显著性较弱，因此采用"后向法"对解释变量进行筛选，首先在包含所有解释变量的回归方程（2）中剔除显著性最低的文化距离得到回归结果（3），紧接着再剔除与进口国GDP存在多重共线性的进口国人均GDP。可以看出，伴随解释变量的逐步剔除，回归方程的拟合优度有所改善，回归方程所保留解释变量的显著性明显提高。综合比较扩展引力模型各个回归结果，本书拟采用扩展引力方程（4）作为模拟发展中国家出版物出口潜力的基本方程。

从上面的出版物出口潜力基本方程看出，母国（地区）和东道国（地区）GDP与出版物出口贸易流量呈正相关，这说明母国和东道国经济规模共同推动了出版物贸易。母国（地区）人均GDP与出版物出口贸易流量正相关，表明母国（地区）经济发展水平所代表的供给能力对出版物出口贸易有正向影响，母国（地区）经济发展水平越高，出版产品供给能力就越强，出版物出口贸易就越大。母国（地区）与东道国（地区）之间的地理距离与出版物出口贸易流量负相关，表明母国（地区）与东道国（地区）间的地理距离越小，两国（地区）之间的出版物贸易就越大，地理位置是影响出版物贸易流量和分布的重要因素。

6.3 中国出版物出口潜力测算

出版物出口引力模型大致模拟了发展中国家和地区出版物出口流量的决定过程，因而可以据此对发展中国家和地区出版物出口潜力进行测算。对比实际出口额与通过引力模型测算的出口额，如果实际出口额低于测算出口额，则认为两国的出版物贸易关系不够紧密，未来存在较大的贸易潜力；相反则认为两国存在紧密的出版物贸易关系。

依据表6-2中的扩展引力方程（4）测算中国2015年出版物出口贸易潜力，结果见表6-3。可以看出，中国对主要贸易伙伴的实际出口额与测算出口额的比率为5.09，表明中国与这些主要贸易伙伴存在紧密的出版物贸易关系。相比之下，中国与发达国家和地区的出版物贸易关系密切程度（实际出口额与测算出口额的比率为6.80）远远高于发展中国家和地区（实际出口额与测算出口额的比率为3.45）。

由于测算中国出版物出口潜力的扩展引力模型是以部分发展中国家和地区为样本进行估计所得的，因而据此对中国出版物出口潜力予以估算必然存在误差，结合笔者对中国出版物出口状况的理论和实践调查经验，此处将中国对主要贸易伙伴国的出版物出口潜力关系划分为三类。

第一类：潜力待开发型。实际出口额与测算出口额比率小于1时，中国对东道国的出版物出口属于贸易不足，出口潜力有待进一步开发。此类东道国包括日本、韩国和印度三个国家。

第二类：潜力成长型。实际出口额与测算出口额比率大于1小于3时，中国对东道国的实际出版物出口与内在潜力基本相当，属于出口潜力成长型。此类东道国包括瑞典、芬兰、奥地利、挪威、波兰等5个发达国家及印度尼西亚、巴基斯坦、菲律宾、泰国、阿拉伯与土耳其等发展中国家和地区。

第三类：潜力成熟型。实际出口额与测算出口额比率大于3时，中国对东道国的实际出版物出口远大于测算所得的出口潜力，属于出口潜力成熟型。中国对绝大多数发达国家和地区的出版物出口属于潜力成熟型，其中对美国、英国、比利时、澳大利亚、加拿大、荷兰、新西兰的实际出版物出口额远超过测算出口潜力（二者比率大于10），对巴西、中国香港、马来西亚、墨西哥、新加坡、南非等6个发展中国家和地区的实际出版物出口额远超过测算出口潜力（二者比率大于10），说明中国对这些国家的出版物出口贸易开发较为成熟。

表6-3 中国对主要贸易伙伴的出口潜力

进口国或地区	实际出口额/美元	测算出口额/美元	实际出口额/测算出口额
所有样本国家和地区	3508933656	689720760.8	5.09
发达国家和地区	2289425578	336637589.3	6.80
美国	1188583297	57796934.65	20.56
英国	412886168	13376117.26	30.87
法国	77874067	11075606.32	7.03
德国	104714839	17214864.73	6.08
意大利	25519206	8290309.934	3.08
日本	104937963	194701969.7	0.54
比利时	35596731	1952007.305	18.24
西班牙	35733922	4303226.844	8.30
瑞典	8482666	2842522.623	2.98
澳大利亚	126045649	5097626.363	24.73
加拿大	55952200	4490352.012	12.46
丹麦	6234602	1459117.829	4.27

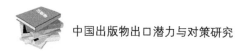

续表

进口国或地区	实际出口额/美元	测算出口额/美元	实际出口额/测算出口额
芬兰	3674200	1390709.023	2.64
奥地利	3371873	1770758.73	1.90
爱尔兰	3725960	916273.7685	4.07
荷兰	65219433	3450431.034	18.90
新西兰	11300147	404302.9325	27.95
挪威	3945718	2039722.918	1.93
波兰	7048488	2579595.735	2.73
以色列	8578449	1485139.592	5.78
发展中国家和地区	1219508078	353083171.5	3.45
韩国	34480138	226578928.8	0.15
巴西	29530863	2207097.639	13.38
中国香港	843385479	13554734.71	62.22
印度尼西亚	22456854	7889410.043	2.85
马来西亚	35737403	3418749.742	10.45
墨西哥	25484524	2469835.889	10.32
巴基斯坦	10100314	3755343.734	2.69
菲律宾	19755195	6868109.576	2.88
俄罗斯	40810579	10488523.1	3.89
印度	26621280	34622618.23	0.77
新加坡	32361242	3213376.623	10.07
越南	36834096	6211315.602	5.93
南非	15948397	578127.3256	27.59
泰国	15203444	7405406.551	2.05
阿拉伯国家	22758794	19917642.13	1.14

续表

进口国或地区	实际出口额/美元	测算出口额/美元	实际出口额/测算出口额
土耳其	8039476	3903951.751	2.06

资料来源：实际出口额来自comtrade数据库，测算出口额通过扩展引力模型测算得到。

根据上述标准与扩展引力模型的测算结果，中国对主要贸易伙伴国的出版物出口潜力分类见表6-4。

表6-4 中国对主要贸易伙伴出版物出口潜力分类

潜力类型	潜力待开发型	潜力成长型	潜力成熟型
东道国或地区	韩国、日本、印度	阿拉伯国家、奥地利、挪威、泰国、土耳其、芬兰、巴基斯坦、波兰、印度尼西亚、菲律宾、瑞典、意大利、俄罗斯、爱尔兰、丹麦、以色列、越南、德国、法国、西班牙	新加坡、墨西哥、马来西亚、加拿大、巴西、比利时、荷兰、美国、澳大利亚、南非、新西兰、英国、中国香港

6.4 出版物出口区位选择

由扩展引力模型的回归结果可以看出，出版物出口贸易流量与东道国或地区经济总量有很强的正相关性，与贸易双方地理距离有较强的负相关性，因此可以将这种相关性用出口引力系数 K 表示。出口引力系数的计算方法为：

$$K = \mathrm{GDP}_j / D_{ij}$$

其中，GDP_j 为东道国或地区的经济总量；D_{ij} 为贸易双方的地理距离。

尽管东道国或地区经济总量和地理距离与出版物出口有显著的正相关和负相关关系，但是在假设出口贸易不受其他因素影响的前提下，这些变量对出口的贡献是不一样的，因此需要对三个变量设定权数。本书采用直线无量纲化方法来测算出口引力系数。

由于东道国或地区国内生产总值和地理距离具有不同量纲，需要将其标准化后才能进行加权平均，标准化公式选为：

$$Y_{ij} = 60 + \frac{X_{ij} - \bar{X}_j}{10 S_j} \times 100 \quad (i = 1, 2, 3, \cdots, 36)$$

其中，X_{ij} 表示指标实际值；Y_{ij} 表示指标标准化值；$\bar{X}_j$ 为第 j 个指标的均值；S_j 表示第 j 个指标的标准差，计算公式分别为：

$$\bar{X}_j = \frac{1}{n} \sum_{i=1}^{n} X_{ij} \quad (n = 36)$$

$$S_j = \sqrt{\frac{1}{n} \sum_{i=1}^{n} (X_{ij} - \bar{X}_j)^2} \quad (n = 36)$$

接下来，采用客观赋权法中的变异系数为权的方法确定两个指标的权数，即

$$V_j = \frac{S_j}{\overline{X}_j} \quad (j = 1,2)$$

权数为：
$$K_j = \frac{V_j}{\sum_{j=1}^{2} V_j}, \quad (j = 1,2)$$

由此得到东道国或地区的经济总量GDP权数w_1=0.8，贸易双方地理距离权数w_1=0.2，最后得到中国对主要贸易伙伴的出版物出口引力系数K见表6-5。

表6-5　中国对主要贸易伙伴出版物出口区位引力系数

国家或地区	东道国或地区GDP		地理距离		K值
	原始数据/亿美元	标准化值	原始数据/公里	标准化值	
美国	179469.96	115.77	10993.68	71.62	6.47
中国香港	3099.29	55.87	1976.25	45.17	4.95
英国	28487.55	64.49	8151.35	63.28	4.08
澳大利亚	13395.39	59.37	8956.44	65.64	3.62
日本	41232.58	68.82	2098.11	45.53	6.05
德国	33557.72	66.21	7785.34	62.21	4.26
法国	24216.82	63.04	8225.23	63.50	3.97
荷兰	7525.47	57.37	7831.14	62.34	3.68
加拿大	15505.37	60.08	10598.32	70.46	3.41
俄罗斯	13260.15	59.32	5795.05	56.37	4.21
越南	1935.99	55.47	2330.80	46.21	4.80
马来西亚	2962.18	55.82	4355.05	52.15	4.28
西班牙	11990.57	58.89	9232.30	66.45	3.54
比利时	4540.39	56.36	7970.82	62.75	3.59
韩国	13778.73	59.50	955.65	42.18	5.64
新加坡	2927.39	55.81	4484.66	52.53	4.25
巴西	17747.25	60.84	17614.30	91.03	2.67
印度	20735.43	61.86	3785.01	50.48	4.90
意大利	18147.63	60.98	8134.70	63.23	3.86

续表

国家或地区	东道国或地区 GDP		地理距离		K值
	原始数据/亿美元	标准化值	原始数据/公里	标准化值	
墨西哥	11443.31	58.70	12467.17	75.94	3.09
阿拉伯国家	25301.02	63.41	5966.43	56.87	4.46
印度尼西亚	8619.34	57.74	5220.88	54.69	4.22
菲律宾	2919.65	55.81	2850.32	47.73	4.68
南非	3127.98	55.88	12967.77	77.41	2.89
泰国	3952.82	56.16	3303.89	49.06	4.58
新西兰	1737.54	55.41	11041.03	71.76	3.09
巴基斯坦	2699.71	55.73	3882.88	50.76	4.39
以色列	2960.75	55.82	7146.98	60.34	3.70
瑞典	4926.18	56.49	6713.79	59.07	3.83
土耳其	7182.21	57.26	7064.20	60.09	3.81
波兰	4747.83	56.43	6947.90	59.75	3.78
丹麦	2951.64	55.82	7208.36	60.52	3.69
挪威	3883.15	56.14	7031.01	60.00	3.74
爱尔兰	2380.20	55.63	8290.86	63.69	3.49
芬兰	2298.10	55.60	6326.88	57.93	3.84
奥地利	3740.56	56.09	7468.01	61.28	3.66

按照出版物出口引力系数 K 值的大小可以将中国对主要贸易伙伴的出口区位划分为以下四类。

第一类：引力巨大型。K>5 时，中国对该国或地区的出版物出口属于引力巨大型，即出口区位最优。该类出口区位包括美国、日本和韩国。

第二类：引力型。4<K<5 时，中国对该国或地区的出版物出口属于引力型，即出口区位次优。该类出口区位包括中国香港、印度、越南、菲律宾、泰国、阿拉伯国家、巴基斯坦、马来西亚、德国、新加坡、印度尼西亚、俄罗斯和英国等。

第三类：引力一般型。3<K<4时，中国对该国或地区的出版物出口属于引力一般型，即出口区位一般。该类出口区位包括法国、意大利、芬兰、瑞典、土耳其、波兰、挪威、以色列、丹麦、荷兰、奥地利、澳大利亚、比利时、西班牙、爱尔兰、加拿大、墨西哥、新西兰等。

第四类：引力不足型。K<3时，中国对该国或地区的出版物出口属于引力不足型，即出口区位较差。该类出口区位包括南非和巴西。

根据上述标准，中国出版物出口的区位选择顺序如表6-6所示，出版物出口应优先选择出口区位较好的第一类和第二类地区。

表6-6　中国对主要贸易伙伴出版物出口的区位选择

区位类型	第一类 （引力巨大型）	第二类 （引力型）	第三类 （引力一般型）	第四类 （引力不足型）
东道国或地区	美国、日本、韩国	中国香港、印度、越南、菲律宾、泰国、阿拉伯国家、巴基斯坦、马来西亚、德国、新加坡、印度尼西亚、俄罗斯、英国	法国、意大利、芬兰、瑞典、土耳其、波兰、挪威、以色列、丹麦、荷兰、奥地利、澳大利亚、比利时、西班牙、爱尔兰、加拿大、墨西哥、新西兰	南非、巴西

第7章 出版强国出口贸易经验

7.1 英国出版业

英国是最早对创意产业进行定义的国家，也是最早从公共政策上对创意产业加以帮扶的国家。英国创意产业主要包括出版、音乐、艺术、建筑设计、广告等13个行业，该产业发展特点是增长速度快，拉动经济增长效果卓著。其中出版业是英国文化创意产业发展的重要组成部分，国内外市场规模庞大，出口贸易发展比较成熟。

7.1.1 英国出版业发展现状

世界金融危机以后，世界出版强国美国、英国、德国、日本等国家出版业出口贸易发展速度都有所下降。但是，根据英国出版商协会2010—2013年数据显示，虽然英国纸质图书销售额有所下降，但是英国的图书销售总额呈现起稳回升的状态，尤其是电子书由2010年的1.7亿英镑增长到2013年的5.1亿英镑，增长速度比较快。从表7-1英国版权出口贸易市场来看，英国版权出口贸易地区主要集中在欧洲和北美洲，大洋洲、非洲及中东地区也有较大市场份额，尤其是近年来向东亚和南亚地区版权输出数量明显增长。根据2013年全球出版业收入50强排行榜来看，英国出版集团有5家，分别是培生（64.48亿英镑）、爱思维尔（47.32亿英镑）、牛津大学出版社（8.14亿英镑）、英福曼（7.69亿英镑）、剑桥大学出版社（2.81亿英镑），总收入超过130亿英镑，约占全球前50大出版社收入的四分之一。从书刊出版种类来看，2013年英国新出版物约18.4万种，总量居世界第三位。从收入来看，2013年英国出版市场净收入超过34亿英镑。从期刊出版发行来看，2013年英国订阅量最大的三大杂志分别为《电视周刊》（总发行超过105万册）、《瘦身世界》（总发行超过45万册）、《魅力》（总发行超过41万册），虽然部分期刊订阅量有小幅度下降，但是多数主流杂志总体订阅量不断增加，如《魅力》订阅量增幅超过2.5%。英国出版业在国内和国际市场具有强有力的竞争力，除去本国GDP上涨、失业率下降、通货膨胀下降等因素之外，成熟的版权运作体系、高质量的专业出版物、数字出版贸易等因素对本国出版业出口贸易发展都产生重要作用。

表7-1 英国版权出口贸易市场   单位:亿英镑

年份	欧洲	北美	南美	大洋洲	中东和非洲	东亚和南亚	其他地区	总计
2010	5.00	1.57	0.58	1.38	2.80	1.78	0.03	13.12
2011	4.88	1.44	0.61	1.28	2.78	1.84	0.03	12.86
2012	5.13	1.47	0.64	1.40	2.59	1.90	0.04	13.17
2013	4.90	1.33	0.62	1.17	2.66	1.95	0.04	12.67

数据来源：英国出版协会《2013年英国出版业数据报告》。

7.1.2 英国出版业出口贸易经验

7.1.2.1 成熟的版权运作体系

良好的版权保护体系是一个国家开展对外版权贸易的基础和保障。英国是世界重要图书版权输出国，也是最早开展图书版权贸易的国家，英国版权代理机制为版权出口贸易搭建起桥梁和沟通作用。活跃的版权代理商机制不仅有效促成贸易双方之间的经济合作，而且极大地提升了版权盈利空间。从表7-2显示的英国版权管理体系来看，英国从1978年成立版权结算中心以来，陆续成立了报纸许可代理结构、版权服务公司等一些列服务部门，各司其职。一方面，术业有专攻，成熟的版权代理商有较强的谈判水平和公关营销水平，借助信息不对称性及时有效地促成贸易活动。另一方面，高比例的佣金制度激励版权代理商积极拓展海外市场。此外英国版权贸易以版权许可为主，即通过允许版权购买方在既定时间和范围内对版权进行处理的行为。中国则以版权转让制度为主，版权转让制度可以通过"一版多能"实现更大版权盈利空间。例如，英国畅销书《哈利波特》《五十度灰》等著作版权许可翻译为德语、法语等多版本，与英语版权并存，畅销书在世界范围内的盛行极大地提高了英国出版物的国际认可度和竞争力水平。

表7-2　英国出版业版权管理体系

机构名称	主要负责项目
英国版权服务公司（2000） UK copyright Service（UKCS）	作为英国文化产业版权登记中心，服务于作家、艺术家、软件工程师
出版商授权协会（1981） Publishers Licensing Society（PLS）	作为授权组织，服务于期刊、音像、图书等传统出版物的许可授权工作
报纸许可代理机构 NLA media access(NMA)	专门服务于报纸行业的许可、发行及其保护组织，由多家报社组成
版权结算中心（1978） Copyright Clearance Center（CCC）	最大特点是公益性和全球性，涵盖范围比较广，包括图书、报纸、电子音像出版物、电影电视、互联网媒体等

资料来源：英国出版商协会。

7.1.2.2　通过专业化出版，树立国际品牌

从表7-3所示的英国图书出口类型来看，构成英国出版物出口贸易最主要部分是学术和专业类图书，该类书刊出口额约占英国出口贸易总额的40%，英国专业化书刊是形成其国际竞争力和影响力的重要组成部分。英国专业化书刊从选题策划到编辑发行都有专业化人才参与其中，他们不仅了解出版业学术前沿知识，而且熟悉读者群阅读思维习惯，能准确把握用户需求。英国出版集团坚持特色化发展道路，经过多年并购重组改革，逐

渐形成了以培生教育、艾斯维尔、牛津大学出版社等为代表的五大国际出版集团。其中大学出版社专业化发展更加明显，如剑桥大学出版社、牛津大学出版社出版的医药和科技书刊成为世界各地青睐的品牌。此外，一部分中小型出版社也充分利用特长领域走专业发展道路，如布莱克韦尔图书公司一直致力于各种专业学术手册，在行业内形成了较大的影响力；大英博物馆出版社致力于博物馆学书刊出版，《大英博物馆》每年销量都在10万册以上。高水平的专业化出版成就国际品牌，英国出版业在国际贸易中具有较高的市场占有率，出口范围也不断拓展到东亚、南亚及南美洲等新兴出版市场。

表7-3　英国图书出口类型　　　　　　　　单位:亿英镑

年份	学术与专业类	儿童类	成人类	英语教育类	学校类	合计
2010	4.90	0.88	3.72	2.58	1.03	13.12
2011	4.90	0.84	3.60	2.41	1.08	12.86
2012	4.79	0.77	3.82	2.75	1.06	13.17
2013	4.67	0.79	3.44	2.60	1.17	12.67

数据来源：英国出版商协会。

7.1.2.3　出版业全球化贸易视野

英国出版业在走向世界过程中，贸易市场不是仅仅局限在欧洲、北美等地区，其出版业在东亚和南亚国家，甚至中东和非洲地区都占有一定数量的输出份额。一方面，英国借助语言优势出版书刊。受历史发展条件影响，英语在印度、非洲等地区尤其是北非地区具有一定的优势，这种先天性语言优势减小了"文化折扣"力度和跨文化传播难度，为实现英国出版物进入非洲地区打破当地读者的认知不协调奠定了基础。另一方面，英国出版业视野开阔，从出版策划伊始就注重全球出版的选题，基于国际市场的需求，严格贯彻精品策划理念，尝试出版社在世界各地设立分社、出版合作、投资管理多种融合模式。以培生教育集团为例，经过100多年历史

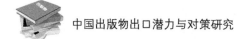

发展，其经营范围已遍布欧洲、亚洲、非洲、美洲及大洋洲80多个国家和地区。近年来，培生集团在世界发展中国家（以印度、中国、巴西为代表）的市场扩张尤为明显，年均经营收入已超过10亿美元。以中国市场为例，培生集团通过采取"本土化"发展战略，与外研社、高教社等出版社合作经营，成功出版了 *New Concept English* 等图书。此外，企鹅集团还抓住2008年北京奥运会机遇，合作出版多种英语期刊、音像制品、电子出版物等，如 *Taxi*。

7.2 美国出版业

美国是全球出版业最发达的国家,在世界出版业的地位举足轻重。自20世纪中后期以来,美国一直居于世界版权贸易的主导地位。进入21世纪,随着互联网数字技术的发展,美国出版业结构发生了巨大的改变:至2017年出版公司数量已达8万余家,无论是国内销售额还是出口贸易均居世界前列。探究美国出版业的现状及出口贸易的经验,有利于加快我国出版产业转变方式,对我国出版业的升级转型具有重要意义。

7.2.1 美国出版业发展现状

作为出版大国的美国,出版国际市场占有率一直遥遥领先,2006—2015年,美国出版业国际市场占有率均高于10%;与其他出版大国和地区相比,美国出版业一直处于明显的贸易顺差。从美国图书业来看,2014年图书业销售总额为279.8亿美元,同比(2013年图书业销售总额为267.5亿美元)增长4.4%。新书出版种数为200768种,较2013年的192633种有所增加。其中,家政类图书出版种数由2013年的249种增长到2014年的1038种,增幅最大,为76%;音乐类图书出版种数由2013年的3093种减少到2014年的2432种,降幅最大,为27.2%。由于电商的发展及电子书的普及,传统书店的数量也在不断下降,从2005年的2万多家降至2014年的13928家。相较而言,数字出版在2014年出现上升之势,电子书出版种数为255341种,同比(2013年电子书出版种数为232401种)增加了9.9%。从美国期刊业来看,随着数字化的发展,整个出版市场受到的冲击不断,2012年增加新刊145种,2013年增加新刊129种,2014年增加新刊91种。

整体来看，新刊增加数量越来越少，但就近几年的整体情况而言仍显示出平稳发展的趋势。主要期刊的种类没有大的变动，依然分为消费期刊、专业期刊、商业期刊和组织期刊。就纸质期刊广告收入而言，虽然受到电子期刊广告崛起的重压，有部分期刊停刊，但从2014年整体来看，纸质期刊依然是广告载体的主力军。

7.2.2 美国出版业出口贸易经验

7.2.2.1 出版集团大规模的整合转型

纵观2015年的全球出版企业排行榜，欧美出版企业仍然占据绝大多数位置，其中以美国为最，有10家公司名列榜中，其中汤姆森路透社以52.91亿欧元的年收入位居第二；麦格劳−希尔教育集团以16.81亿欧元的年收入位居第九。之所以有现在的成绩，与出版集团成功的升级转型分不开。以麦格劳−希尔集团为例，麦格劳−希尔起步于出版领域，现已转变成信息服务领域的领导者，这种转变是建立在受数字化和信息化的浪潮冲击、信息需求业务不断增长的基础上的。在建立之初麦格劳−希尔就进行了一系列的并购和高效的发展，1999年开始，麦格劳−希尔在麦格劳三世的管理下便一直在精简集团业务，对企业进行大幅度的业务重组，最终将业务的重心集中到数字化时代更具成长性的金融、媒体信息服务方面。在2012年11月，麦格劳−希尔在出售旗下的驾驭业务给阿波罗全球管理公司的同时还对旗下的部分业务进行调整，使之更加默契集团的整体发展战略。之后，麦格劳−希尔还通过收购一些调研分析公司，不断加强对信息的处理和驾驭能力。通过一系列的业务整合，如今它以年出版2000多种新书的规模、40多种语言同步出版的优势处于世界出版业的领先地位。毋庸置疑，麦格劳−希尔的转型是成功的，因为它顺应了时代的要求，也紧紧抓住了人们对信息的需求，而它旗下的众多品牌也将成为未来发展的王牌。

7.2.2.2　多元化经营专业化出版

专业化是多元化经营的前提条件，要形成一套完善合理的多元业务结构，必须从专业化做起。美国很多的出版集团，在进行业务结构多元化发展的同时也执行着专业化出版的战略。在这个过程中他们更注重精细的专业化运作以形成自己的核心业务和拳头产品。例如，美国管理协会图书出版部（AMACOM），它是美国管理协会（AMA）于1960年成立的图书出版部门。AMA是全球最大的管理教育机构，以向企业和个人提供培训和咨询服务为主要经营业务；AMACOM则主要侧重出版领域知识类图书。二者选题方向大体一致，图书出版的选题前期调研AMACOM也主要参考AMA的培训情况。在出版专业化方面，AMACOM也做过儿童、家庭教育方面的非专业化选题，但是由于缺少有力的营销渠道，其出版选题又回归到核心业务。AMACOM这种专业化出版与教育培训业务相结合的多元化产业链方式，一是实现了作者对接，积累了大量作者资源；二是实现了选题对接，使图书出版部门选题策划更有针对性，更具有现实意义；三是实现了销售对接，出版的图书可以作为教材直接用于培训，建立了系统内的营销渠道；四是与数字出版和数字教育相辅相成，互相依托，实现双赢。

7.2.2.3　出版业数字化体系成熟

互联网迅速发展的背景下，美国传统出版社对传统图书市场前景及出版业发展方向有更深刻的认识和清醒的思考：改变传统手段，对业务流程和管理体系进行深入的信息化改造，加快信息化、数字化建设，实现转型，提高核心竞争力。整体来看其主要措施包括：第一，坚持"内容为王"的核心理念，积极应对挑战，拓展数字出版业务，与网络公司、软件技术公司等合作，利用这些公司已有的技术平台和网络平台推出数字产品，实现传统出版和数字出版多种出版形式相结合；第二，坚持专业化出版战略，做精做强纸质图书，同时借鉴其他出版大国跨国出版集团的经验，在信息服务、咨询研究、在线教育、个性出版等领域进行深入拓展和多元化经营；第三，重新整合图书营销渠道，重视和拓展网络营销渠道。依托成熟运行模式进行数字化转型，现在已经拥有一套成熟的出版数字化运营体系。其中，麦格劳–希尔的数字化转型发展可谓典范，其在适应数字化发展的同时全力打造核心数字产品，创新教育模式。打造了像 Mc-Graw-Hill Connect 等一系列产品，同时加大对数字版权的保护。借数字化发展的势头，麦格劳–希尔积极开拓发展中国家的市场。

7.2.2.4　良好规范的出版市场环境

互联网时代的到来是一次革命，美国出版业之所以能够较早较好地应对冲击，迈出数字化出版的步伐，在很大程度上得益于其良好的市场环境，其主要表现为：一是知识产权保护体制完善，没有假书、伪书、盗版书，这在很大程度上保证了作者的原创积极性；二是图书定价机制成熟，在美国，图书的定价不仅仅考虑成本，也会综合考虑诸多因素，如珀修斯图书集团图书的定价会考虑到图书的内容、作者的知名度、读者群的承受能力及成本等很多因素。三是读者群稳定，美国的读者非常成熟，一些类别的出版物有稳定的读者群，出于对文化内容的尊重，美国的读者对图书的高定价一般能够接受；四是图书单品种销量多，重复书少。一个规模非常大的出版集团一年的出书品种也就在几十个到几百个，而美国图书的单品种销量很好，比较不错的书都会有十几万册到几十万册的销量。在好书多的情况下，美国图书市场上的重复书和跟风书却很少，这得益于完善的法律体系、较高的行业素养、成熟的市场体系；五是重视出版人才的培养，美国大多数出版社对员工的培训学习都提供优惠条件。另外，美国许多高校都设有专门培养出版人才的专业和培训出版业务的机构，像纽约大学出版中心、斯坦福大学等高校，每年都有大批年轻学子和世界各地的出版人士前来学习、研讨出版业，形成了完善的出版人才培训体系和浓厚的出版研讨学术氛围。

7.3 法国出版业

法国的现代出版业从19世纪开始发展，经历第二次世界大战的萧条后迅速发展起来。法国的出版业尤其是图书业一直以来以家族企业为主体，随着经济的发展和国际竞争的加剧，法国出版业发生了巨大的变化，经过兼并、整合、重组出现了很多大型的跨国集团，有力地提高了法国出版业的国际竞争力。

7.3.1 法国出版业发展现状

近年来，同低迷的经济一样，法国的出版业发展也一直处于缓慢发展状态。作为世界出版大国，2006—2014年，法国出版业国际市场占有率基本徘徊在5%，与英、美、德等出版大国相比处于劣势。但是，在2015年法国出口额实现了巨大增长，出版业国际市场占有率也增至15.70%，一跃超过美国，居全球第一。就图书出版而言，法国一直是西方出版大国中引进翻译国外作品十分积极的国家，翻译书品种占年出版总量的12%左右；其中，英语是法国引进作品最多的语言，占翻译作品总量的一半以上；相比2013年，2014年法国翻译出版的外版图书品种持续低幅度增长。图书出口在2014年有0.5%的轻微增幅，出现了2010年之后的第二次图书贸易顺差；总体来看，欧盟、亚洲和大洋洲是法国图书贸易逆差最为明显的地区，进口额比出口额分别高出1.74亿欧元和1.1亿欧元。从地域上看，法国图书出口的主要国家地区变化不大（表7-4），2014年出口总额比上一年增长了0.9%。对西欧非欧盟国家、非洲撒哈拉沙漠以南法语地区和东部欧洲出口份额持续增长，而对欧盟国家、法国海外领地出口份额不断减少。

表7-4　2012—2014年图书主要出口地区　　　　单位:%

地区 \ 年份	2012	2013	2014
欧盟	46.2	45.4	44.9
北美	14.5	13.9	13.2
西欧非欧盟国家	13.2	14.4	15.7
法国海外领地	8	8	7.3
马格里布地区	6.5	6.1	6.2
非洲法语区	4.7	5.3	6.1
近、中东地区	2.3	1.9	2.1
亚洲与大洋洲	2.3	2.7	2.0
拉丁美洲	1.3	1.2	1.1
东欧	0.3	0.6	0.7
安的列斯群岛	0.3	0.2	0.2
非洲非法语区	0.4	0.2	0.2

数据来源：根据法国出版商协会《法国出版业国内及国际数据年度报告》（2013年、2014年、2015年）整理。

　　关于图书版权贸易，2014年法国出版商协会会员签订图书翻译权转让协议13046项，比上一年增长6.6%；获得版权转让收益1.35亿欧元，实现了2010年来最高收益。平均来看，版权转让收入可占法国出版社年销售收入的5%~7%。从语种来看，汉语、西班牙语、韩语、意大利语、德语、英语、葡萄牙语、荷兰语是2014年法国图书翻译权转让最多的语种。其中，从2012年开始汉语已经成为法国第一大语种输出，2014年已达到总量的14.2%。具体来看，2012—2014年法国向中国大陆输出版权有持续小幅增长，向中国台湾地区输出增幅达到55.9%（表7-5）。

表7-5 2012—2014年向汉语地区转让版权情况 单位:种

年份 地区	2012年	2013年	2014年
总量	10798	11892	13046
汉语区	1235	1524	1639
中国大陆	1103	1315	1336
中国台湾地区	132	186	290
中国香港地区	—	23	13

数据来源:根据法国出版商协会《法国出版业国内及国际数据年度报告》(2013年、2014年、2015年)整理。

近年来受到经济影响,法国图书市场销售额持续下跌,但是从表7-6中2012—2014年法国出版集团销售额排名情况可以看出,前8名的出版集团排名顺序都没有发生变化,可见这3年中法国出版业上游市场相对稳定。排名前十的出版集团中,法国娱乐集团(4.8%)和阿歇特出版集团(3%)降幅明显,玛德里高集团在2014年销售额增长4.6%,其他出版集团销售额变化均不明显。

表7-6 2014年前10家出版集团销售额情况

2014年 排名	出版社	所属 国家	销售额(百万欧元)		
			2014年	2013年	2012年
1	阿歇特出版集团 (Hachette Livre)	法国	2004	2066	2077
2	埃蒂迪出版集团(Editis)	西班牙	662.8	662	693
3	玛德里高集团(Madrigall)	法国	437	417	421
	其中:佛拉马里翁有限公司 (Flammarion SA)	法国	255.9	237	264
	其中:伽利玛出版社 (Editions Gallimard)	法国	140.7	130.8	131

2014年排名	出版社	所属国家	销售额（百万欧元）		
			2014年	2013年	2012年
4	萨吕特出版社（Editions Lefebvre Sarrut）	法国	396.7	398.6	333.1
5	媒体参与集团（Média-Participations）	比利时	349.8	348.3	337.7
6	法国娱乐集团（France Loisirs）	美国	325	341.5	351
7	马尔蒂尼埃集团（La Martinière Groupe）	法国	240	238	264
8	阿尔班·米歇尔集团（Albin Michel）	法国	167.6	167.8	165.2
9	艾泰集团（ETAI）	法国	—	138	120
10	律商联讯（LexisNexis）	荷兰	135.9	135.6	—

数据来源：根据《法国图书周刊》总第969期、1013期、1058期整理。

与图书业的情况相似，法国报刊业整体发展并不乐观，2014年法国报刊发行量为38.4亿份，比上一年减少1.7亿份，降幅为4.2%。其中，境内报刊发行量为37.6亿份，同比减少1.1亿份；京外报刊发行量为128.1万份，同比减少7.1万份。虽然，法国传统的出版物发展低迷但电子书发展势头很好，2014年，电子书（含物理介质和非物理介质）销售超过1.6亿欧元，比上一年增长53.3%，比2012年几乎翻了一番，整体来看，电子书销售收入已占当年法国出版商销售收入的6.4%。

7.3.2 法国出版业出口贸易经验

7.3.2.1 国家大力支持独立书店

法国对独立书店的支持已经持续多年，近年来，为帮助独立书店免受大型网络书店和数字化阅读的冲击，法国文化部采取了很多措施，其中最为突出的就是直接增加资金支持和通过禁止网络书店免费送货的法律。2014年，文化部在上一年启动的"书店扶持计划"基础上，专门拨付100万欧元用于在全国范围内建立紧密而多样性的独立书店销售网络。与此同时，还对独立书店强化财务的情况提供短期资金支持。整体来看，2014年法国文化部针对加强独立书店建设、维护其图书运输渠道等专项资金总额约为900万欧元，与2013年持平。此外，在资助经费较为紧张的情况下，法国国家图书中心仍然坚持努力扶持法国原创作品的创作和译介，保持了对作家和译者的资助总额度；坚持改善国民的阅读环境，大幅度提高对图书馆的资助；同时，坚持对公共数字资源的整合与建设，将支持国家图书馆的绝大部分经费用于开展版权保护期内的文献数字化工作。在法律保障方面，2014年7月10日法国开始实行《2014年7月8日法》，该法律禁止大型网络书店为已经打折销售的图书提供免费送货，以此来达到阻止网络书店折本倾销。该法律颁布的目的是避免不公平竞争，同时也凸显了法国维护独立书店和实体销售渠道的决心。

7.3.2.2　出版业突出文化多样性

从20世纪90年代联合国教科文组织提出保护"文化多样性"开始，法国就坚定不移地扮演着"文化多样性"捍卫者的角色。最新数据显示：2014年法国出版图书98306种，与上一年相比增幅近3%，将近10万种的出版能力，能够较为充分地满足日益细分的图书市场及不断小众化的读者的需求。2010—2014年再版书品种持续增长，至2014年再版书品种首次超过50000种，同比增长近12%。从法国国内来看，图书种类主要包括教学用书、社会与人文科学、文学类、艺术类、文献资料等13大类。其中，出版种数比例超过10%的有4类，分别是：教学用书、社会与人文科学、文学和儿童与青少年读物，且这4类出版物的品种量已达到总量的61.6%。从国际来看，法国一直积极引进翻译国外作品，且对不同语种的引进种类较符合原语言出版特色，这在西方出版大国中也是名列前茅。2012—2014年翻译图书出版总数持续增长，至2014年出版翻译图书总数已达到11850

种，主要出版的语言有14余种，其中，英语是法国引进作品最多的语言，占翻译作品总量的59.5%；日语、德语、意大利语紧随其后。

7.3.2.3 定位准确的全球化发展战略

法国是西方国家中较早实行出版集团全球化战略的国家，进入21世纪包括阿歇特等法国大型的出版集团在本土及周边的市场已趋于饱和，而此时中国经济迅速发展，成为西方各大出版集团进攻的目标。以法国最大出版集团阿歇特为例，多年来，阿歇特一直致力于英语、法语、西班牙语市场的发展，其经营目的是要实现阿歇特出版集团在国内外的长足发展，进行全球性扩展。它的营业额一半以上来自海外市场，其中欧洲市场所占比例最大，美国次之，亚太市场较小。而亚太市场特别是中国是一个极具潜力的市场，阿歇特集团认识到想要实现自身长足发展，就必须与其他跨国出版集团争夺中国市场份额。阿歇特公司进军中国市场主要分为两个阶段：第一阶段是期刊的发行，在填补中国市场时尚期刊空缺的同时，也成为目前中国最大的外国期刊发行商；第二个阶段是与凤凰出版传媒集团合作，以合资的形式进入中国市场，主攻大众类和教育类图书的出版。从这两个阶段可以看出，阿歇特进入中国的战略是有条不紊的，在西方市场饱和的状态下既没有盲目地扩张也没有停滞不前，而是瞄准中国广大的市场和消费潜力，迅速进入中国市场。在进入方式上，阿歇特也成功避开了争夺的重点市场，从期刊和大众类、教育类图书等细分市场切入，以达到在共处的状态下获得尽可能多的利润。

7.4　日本出版业

日本是世界上最重要的图书市场之一，出版物品种和数量在亚洲居领先地位。自1950年以来，日本出版态势总体处于上升阶段。日本出版社主要分为综合出版社、图书出版社和其他出版社3类，出版企业从总体上来讲，除了少数高度垄断的大型企业以外，大多数企业的规模很小，且大多数出版社都是私人公司。近年来，在传统纸质图书市场萎缩严重的同时，日本数字出版却不断发展壮大，各种类型的电子出版物层出不穷。

7.4.1　日本出版业发展现状

日本的主要出口出版物包括图书、漫画及期刊，通过分析日本财务省发布的《日本贸易统计》数据发现（表7-7）：2014年日本图书出口额为112亿4823万日元，同比增长8.2%；从图书出口的国别来看，美国依旧是日本最大的书籍出口国，出口额为28亿日元，占总体出口额的26%。对欧洲各国的出口同比均在减少，出口额最多的英国为6亿日元，同比减少32.8%。与欧洲出口减少相比，东南亚的出口增加显著：其中，中国台湾省为11.5亿元，增长了24.5%；韩国10.9亿日元，增长了56.7%；中国大陆9.1亿日元，增长了14.9%。

表7-7　2014年日本对主要国家地区图书、杂志的出口额　　　单位:千日元

国家/地区	2014年		
	图书	杂志	合计
美国	2897323	377259	3193339

续表

国家/地区	2014年		
	图书	杂志	合计
中国台湾地区	1155730	854660	2010390
韩国	1099571	440140	1539711
中国大陆	910552	199602	1110154
中国香港地区	422736	566865	989601
英国	605815	6883	612698
泰国	540235	104720	644955
菲律宾	434568	131520	566088
出口总额	11248235	2890514	14138749

资料来源：出版年鉴编辑部《出版年鉴2015》。

作为日本龙头产业的传统漫画市场销售额连续13年呈下降趋势，2014年漫画书和漫画杂志合计销售额为3569亿日元，同比减少2.7%。但是伴随互联网出现的数字出版物市场却是蓬勃发展，日本《电子书事业调查报告》数据显示：2014年日本数字出版物市场规模约为1411亿日元，比上一年增加了398亿日元，增幅为39.3%。其中电子书市场销售额为1266亿日元，比上一年增长了35.3%。在不同类别中，电子漫画书的发展呈良好态势，2014年漫画类电子书销量由上一年的293亿日元增加至1024亿日元，占电子书市场份额的19%。日本的批发商在出版流通渠道处于高度垄断，东贩和日贩是日本最大的两家代销公司，市场占有率为日本出版物总体批发的78.9%。小型的出版社、地方出版社基本发挥与这两家代销公司的中介作用。

从期刊来看，手机期刊及网络期刊的冲击导致日本传统期刊出版业发展萎缩，通过分析日本财务省发布的《日本贸易统计》数据发现（表7-8）：日本期刊出口总额持续呈减少趋势，2014年为28亿9051万日元，同比减少了12.4%。就期刊出口国家和地区来看，中国台湾地区居首位，出口额为8.5亿日元，比上一年减少了9.2%；中国香港地区（5.6亿日元，比上一年18.5%）和韩国（4.4亿日元，比上一年减少了1.4%）分居第二、第三。相较而言，智能手机的普及推进了日本电子期刊市场的发展，日本《电子书事业调查报告》数据显示：由于平板终端利用者的增多、阅读终端日益趋于多样化、电子期刊阅读、下载量的增加，日本电子期刊市场呈快速发展的趋势。2014年日本电子期刊的销售额为145亿日元，比上一年的77亿日元增长了88.3%。

表7-8　2014年日本对主要国家地区期刊的出口额　　单位:千日元

年份 国家/地区	2013年	2014年
中国台湾	941 013	854 660
中国香港	695 929	566 865
韩国	434 147	440 140
美国	377 259	296 016
中国大陆	271 831	199 602
新加坡	141 911	107 961
出口总额	3 301 090	2 890 514

资料来源：出版年鉴编辑部《出版年鉴》各年版。

7.4.2　日本出版业出口贸易经验

虽说传统出版业盛况难续，但日本出版业在新技术、新形势、新时代的冲击下，直接面向市场持续推出精品、充分利用出版优势开拓销售渠道、强强联合扩展海外市场等方面的做法，为其他国家出版业提供了许多值得借鉴的经验。

7.4.2.1　出版物强调精品意识

日本出版业在出版物方面强调精品意识，不断提高出版物的内在和外在质量。一是表现在对出版内容的精耕细作，推出许多新领域的出版物。日本出版商针对传统出版物市场逐渐缩水的现实情况，在新的出版领域不断探索,推出了很多新领域的出版物。例如,在茶艺、插花、养生等新的生活方式方面,推出装帧精良、内容独特深入、角度新颖的出版物,不仅琳琅满目、品种多样,而且可选择的范围很广。此外,日本出版业还抓住了日本进入老龄化社会的社会特征,出版针对老龄人的作品,且可选择范围极广,在市场上受到了极大的欢迎,同时也为市场注入了新的活力。二是表现在对出版物形式的精耕细作。随着数字化的发展,数字出版物和电子出版物应运而生,传统纸质出版物受到强烈冲击,生存空间越来越小。在生产成本不断提升的情况下,不断提升出版物的精品化程度,将每一种书做成艺术品一样的产品,已经成为日本出版商在激烈的市场上生存的必要。日本东京书展上展出的日方出版物,装帧设计都十分精细,书籍的用纸、印刷都极为精良,给人们留下深刻印象。

7.4.2.2 漫画先行:推动版权输出

面对文化入超现象,日本出版业积极打破语言、观念障碍,利用漫画拉近与其他国家的文化距离、消除文化误解,以日本标志性的符号打开国际市场。自20世纪六七十年代,日本对于港、澳、台漫画出口就具有一定的规模,21世纪初出口扩大到韩国和中国大陆,市场分额增长明显。日本漫画在海外大行其道,与日本政府的宏观政策支持分不开,日本政府支持日本的出版社把漫画作为一种对外输出的产业,营造日本国家正面形象。以讲谈社为例,2005年其在北京独资设立了分公司,这是这家近百年历史的出版社在海外设立的第一家法人公司,也是日本出版业界在中国设立的第一家独资公司。面对日益饱和的国内市场,讲谈社采取强化版权贸易措施扩展海外市场。此后10多年来,讲谈社的版权收入平均每年递增10%以上,同中国的版权贸易相比,目前尽管在码洋上与欧美国家和韩国、中国台湾地区这些第一梯队还有一定的距离,但发展速度惊人。此外,讲谈社还着手在纽约和伦敦分别成立美国公司和英国公司。日本这种以软带硬的战略打开海外市场缺口的战略,让人们易于接受的"软文化"先行的本土化方法,是一条有效的

"走出去"的途径。日本动漫在消除不同国家文化隔阂中起到了很好的桥梁作用，已经演变成日本公共外交的有效载体，成为人们了解日本文化的一个窗口，为日本出版国际化提供了一个良好的国际舆论环境和文化环境。

7.4.2.3　企业联合拓展海外事业

相比其他出版大国，日本大型出版集团数量少之又少，大部分出版公司规模较小，为了实现出版业国际化，扩大海外版权事业，出版业界各大公司相继合作并倾尽全力于事业强化上。例如，为了降低在海外开拓事业的成本，这些出版公司控制拓展规模并设立专门的窗口统一应对相关问题。早在2005年，日本一桥集团旗下的集英社和小学馆便共同设立了作为海外据点的综合娱乐公司"VIZ Media"，正式开始在版权商务方面的合作，这为版权商务的快速发展奠定了基础。2009年，讲谈社和秋田书店也成功联手在版权事业上开展全面合作，此次合作的目的也是扩展海外版权事业。首先，秋田书店把版权营业窗口的一部分委托给讲谈社，实现版权商务经验和市场信息的共享。同年，借助"法兰克福国际书展"，讲谈社经营了秋田书店的图书版权业务。与此同时，秋田书店还通过已经单独在美国设置了当地法人来经营海外漫画书出版的讲谈社实现窗口一元化，以提高拓展海外商机的效率。随着数字化的发展，日本这些联合企业又开始寻找新的市场业务，将目光投向电子书国际业务的拓展。

7.5　韩国出版业

在经历20世纪末金融危机以后，韩国政府确立了"文化立国"发展战略，积极扶持民族文化产业的发展。经过不到20年的发展，韩国文化产业尤其是出版业已成为拉动本国经济发展和增加国际影响力的重要部分。韩国出版业逐渐发展成为世界出版界一颗新星，其发展模式值得各国借鉴。

7.5.1　韩国出版业发展现状

韩国虽然算不上出版大国，但是出版业发展环境比较充分，整体运行状态良好。从韩国出版业市场化发展水平来看，韩国出版业市场竞争比较充分，出版机构进入退出机制比较成熟。其中2003年韩国出版社数量只有2万家，2013年出版社数量超过4.4万家，出版社成立门槛较低。从韩国出版业进出口贸易数据来看，2012年以前出版业贸易一直是小幅度贸易逆差状态，但是2013年以后出版业贸易进入顺差状态，其中2013年贸易顺差额超过3.7万美元。从出版业贸易方式来看，韩国出版业海外输出方式以间接输出为主（约占60%），其中国内版权代理是最重要形式。从表7-9所示的韩国出版业进出口贸易来看，北美地区是韩国出口最大贸易对象，约占出版业出口贸易比重四分之一。日本、中国、东南亚地区也是韩国出版业重要出口对象。从期刊出版发行来看，2013年韩国出版期刊达到7257种，其中月刊是最主要构成部分（约占65%）。报纸发行数量基本稳定在7万种左右，在2011年以后有小幅度下降过程。

表7-9 韩国出版业出口贸易概况   单位:亿美元

年份	北美	日本	中国	欧洲	东南亚	其他地区	总计
2011	9.01	6.28	3.37	2.16	2.98	4.55	28.34
2012	6.62	6.13	3.75	1.62	2.94	3.46	24.52
2013	7.69	7.47	4.54	1.95	3.53	4.01	29.19

资料来源:韩国文化体育观光部《2014年文化产业统计调查》。

从版权输出来看,根据韩国文化体育观光部《2015文化产业统计》中的数据发现:2012年245家出版单位共输出版权1160种,共计2204个;2013年295家出版单位共输出版权1217种,共计2171个;2014年314家出版单位共输出版权1247种,共计2151个;连续3年韩国输出版权数量均超过2000个。从表7-10中的数据可以发现,2012—2014年韩国在版权输出对象地区中对亚洲地区的版权输出依赖度非常高,占整体的86.5%;其次分别为欧洲(6.3%)、北美(3.4%)、中东(2.5%)、中南美(1.1%)、非洲(0.2%)。其中,在输出对象为亚洲的情况下看,2014年韩国对华输出出版业版权共884个,占亚洲整体的48.9%,如此来看,中国无可厚非地成为韩国出版业版权输出的最大市场。

表7-10 2012—2014年韩国出版产业版权输出对象地区情况   单位:个

类别	亚洲	欧洲	北美	中东	中南美	非洲	合计
2012	1878	81	86	141	18	0	2 204
2013	1964	76	68	15	37	11	2 171
2014	1806	252	71	4	18	0	2 151
合计	5648	409	225	160	73	11	6 526
比重	86.5%	6.3%	3.4%	2.5%	1.1%	0.2%	100.0%

资料来源:韩国文化体育观光部(2015),《2015文化产业统计》。

7.5.2 韩国出版业出口贸易经验

7.5.2.1 政府支持，提高出版产业竞争力

韩国出版业的快速发展离不开政府的支持，主要表现在战略重视、财政支持、完善相关法律法规等方面。在战略方面，韩国政府相继颁布了《国民政府的新文化政策》《文化韩国21世纪构想》等发展规划，规划的提出从国家顶层设计方面为文化产业尤其是出版业发展构建了宏伟发展蓝图，为本国出版业发展指明了方向。同时，韩国政府大力推进阅读文化振兴战略，积极培养国民阅读习惯，为出版业的发展塑造良好的市场环境。在完善相关部门建设方面，韩国政府成立了文化振兴委员会、文化内容产业振兴院等机构，专门服务于出版业等文化产业部门。在资金扶植方面，韩国政府逐年加大对文化产业财政支持力度。其中2014年韩国的文化预算超过5.3亿韩元，约占韩国财政总预算的1.5%。在完善出版业相关法律法规方面，韩国政府在1999年成立了《文化产业振兴基本法》为本国出版产业发展奠定了法律基础。为了保护版权进出口贸易，韩国政府在2012年进一步完善《版权法》严厉打击各种侵权行为，强化版权保护力度，为本国版权出口贸易提供法律保障。

7.5.2.2 "一源多用"的出版产业发展模式

韩国本土出版资源非常有限，当地政府把西方"一源多用"的项目管理模式引入出版产业，发挥显著效果。出版业"一源多用"模式，即以一种畅销作品为源头，实现跨行业发展、多种载体形式再创作的过程。这种产业发展模式能够有效延长产业链条，进一步增加产品附加值，并且有利于出版物在跨文化传播过程中减少"文化折扣"力度和跨文化传播难度，对当地读者形成持续性的影响。典型代表就是从纸质书刊延伸到动漫、影视及网络形式实现多媒体跨界传播。例如，为了增强儿童对文字教育的热

情，韩国政府联合出版商出版发行了《魔法千字文》，在图书出版过程中配有形象生动的漫画形象，不仅增强了读者兴趣，而且图书在国内市场热销。后来这一图书被改编为影视作品、电子出版物，宣传效果强烈。此外，《魔法千字文》改编版本出口日本、中国、东南亚等地区，实现一种文化资源以多种媒介形式呈现的方式。2005年韩国漫画作品《宫》获得大奖之后，2006年即被改编成电视连续剧，仅韩国国内收视率就达到了30%，随后在海外授权播放，加上周边衍生产品，这一源自漫画的系列产品获得了巨大的收入，被称为韩国电视剧产业的典型模式。还有系列漫画《蒲公英科学绘本》等也采用这种模式获得了巨大成功。

7.5.2.3 数字出版业发展迅速

受金融危机影响，韩国传统出版市场出现了萎缩，但是其数字出版业发展迅速。尤其是互联网时代的到来，移动电子设备普及化为其数字出版业发展奠定了基础。从表7-11韩国数字出版协会数据来看，数字出版种类在2010年不足7000种，而2013年超过12500种，增长速度比较快。在各种数字出版类型中，电子书和手机阅读增长速度最快。从电子出版物数量来看，2013年技术科学类是出版数最多的类型（约16万件），其次是社会科学类（约6万件）、文学类（约4.8万件）。韩国数字出版业发展迅速的原因有以下几方面。第一，相对成熟的数字盈利模式。随着iPad及Kindle等电子设备的日趋完善与普及，读者对于电子书的兴趣不断增温，韩国数字出版商尝试联合出版社实行租赁制与订阅制相结合的方式开发读者群。第二，韩国出版机构积极参与数子平台建设，形成了比较健全的数据库。第三，电子书版权保护技术不断革新，数字版权管理技术在数字书刊页面添加版权信息、水印追踪等技术手段有效防止了版权纠纷。

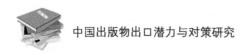

表7-11 韩国数字出版业发展状况   单位:种

年份	电子书	手机阅读	学术论文	有声读物	数码电子出版	其他	总计
2010	1975	533	251	122	1430	2615	6908
2011	2891	929	264	139	1492	2613	8328
2012	3250	1315	270	142	1528	2802	9023
2013	5838	2024	282	165	1678	2911	12568

数据来源：韩国数字出版协会。

7.6 小结

无论是出版业发展相对成熟的英国、美国、法国，还是作为后起之秀的日本、韩国，较高的出版物国际市场占有率和显著的版权出口贸易优势都离不开政府的支持、健全的法律法规、成熟的版权运作体系及出版企业国际化发展视野、快速发展的数字出版贸易等方面的支持。中国出版业在出口贸易过程中，应该积极参考英国、美国、法国、日本、韩国等国家出版业发展经验，针对特殊的发展环境探索适合自身发展的出口贸易策略，提升中国出版业的国际市场占有率和影响力水平。

第8章 中国出版业出口贸易发展对策

8.1 充分发挥政府主导作用

中国出版业出口贸易不仅作为拉动中国经济发展，促进中国经济结构调整升级的重要途径，而且作为中国思想文化建设的重要方面，担负着实现"中国梦"的重要使命。进入21世纪以来，中国出版业实行"走出去"战略，出版企业深化改革，出版业发展尤其是出口贸易得到进一步提升。2013年以来，中国提出实施"一带一路"倡议，亚欧非大陆通过经济合作和人文交流被进一步结合起来。但是，出版物国际贸易竞争力弱小，尤其是显著性标志版权贸易逆差仍然是中国出版业出口贸易过程中存在的问题。为了推动中国出版业更好地走向海外市场，扩大中国出版业国际市场上的占有率，提升中国文化软实力和国际影响力，结合英国、韩国出版业出口贸易经验，从政府、出版行业组织、出版企业等方面提出相关贸易策略。

根据迈克尔·波特的钻石模型理论，一国产品竞争力影响因素主要包括生产要素、国内需求、相关和支撑产业、企业的战略结构和竞争四个方面。出版行业在出口贸易过程中不仅受编辑发行、策划选题、企业发展战略等因素影响，还离不开政府主导作用，从英、韩等国家发展策略可见一斑。政府主导作用主要表现在出版业政策尤其是出口贸易相关政策的完善、资金税收扶持、积极参与国际书展等平台建设与交流工作及出版业深化改革。政府主导性的作用不仅为出版业出口贸易过程中树立自信心，而且为其发展方向搭建起科学的顶层设计。

8.1.1 完善政策，健全法律

完善的法律制度不仅可以保障出版业在国内健康运行，而且是中国出版业出口贸易发展重要的法律依靠。健全法律制度方面，完善版权引进管理条例与版权输出保护，合理限制版权过度引进的同时，鼓励中国版权出口欧美及非洲、拉丁美洲等新兴地区，尤其需加强数字出版业版权贸易方面的法律法规建设。完善政策方面，中国严格的书号发放检查制度需要进一步创新改革，尝试探索出版业宽进严出的检查制度，政府通过进一步简政放权，减少出版业竞争力不足的阻碍因素并激发出版业创新活力。

参考韩国"文化立国"发展策略，中国出版业坚定"走出去"发展战略，在国家"十三五"发展规划中构建出版业出口贸易发展宏图。通过政策完善和法律制度保障，为出版业出口贸易数量和质量的提高及出版业出口贸易自信在国家发展层面奠定坚实的基础。

8.1.2 财政补贴，税收支持

政府的宏观扶持主要通过财政补贴与税收支持来引导社会资源优化配置，进而为出版企业发展创造良好的宏观经济环境。强大的资金支持工作不仅有利于中国出版物通过降低国内成本提高国际市场竞争力，而且有助于激发出版企业生产热情，加快出版业出口贸易步伐。积极尝试对出版业贸易出口区域进行差异化的补贴制度，例如，在东南亚、中国港澳台地区作为第一等级补贴，补贴比率最低，因为这一区域的"文化折扣"不明显。欧美地区为第二等级补贴范围，这一区域跨文化传播难度较大，出口贸易数量有限，通过财政补贴弥补版权在该地区贸易逆差严重的问题。第三等级为南美洲和非洲等地区，因为该地区经济发展和文化需求增长空间明显，对中国出版业来说是蓝海市场，但是由于文化差异、历史条件等因素影响，存在严重的"认知不协调性"，出版物出口难度也最大，需要通过大幅度的财政补贴快速提升该地区出版物市场占有率。同时对国内出版业出口省份采取差异化补贴措施，加大对中西部地区出版业出口贸易补贴力度，减少出口贸易不平衡化问题。鉴于伦敦书展、首尔书展在本国政府财政支持下迅速发展，并成为本国版权出口重要渠道的成功经验，中国政府应加大北京书展资金投入力度，为中国出版业版权输出搭建平台基础的同时，鼓励出版企业积极参与国家书展交流活动，扩大中国版权出口区域。

8.1.3　进一步深化出版企业改革

中国出版业完成转企改革之后仍然存在诸多问题，如主营业务不明确、企业盈利性过低、管理体制落后等，直接造成中国出版业出口贸易数量少、形式单一、区域狭小等问题。中国出版业需要进一步深化改革，增强出版物国际竞争力水平，激发出版业开发海外市场的魄力，做大出版业出口贸易品牌。结合欧美发达国家经验，通过出版业并购重组、主营业务聚合、股改上市等方式，不断提升出版企业经营能力。

中国出版业应积极探索市场化道路，为了突破出版业市场化程度低的阻碍因素，出版企业应积极采取项目入股、股权激励等方式，拓宽企业资金来源渠道、人才选拔机制，激发出版企业参与市场竞争热情，加快出版企业出口贸易步伐。此外，优化出版贸易结构就是要求出版企业突破单一性质的教材教辅盈利方式，探索多元化的健康发展方式更加有助于出版业在国际化竞争中形成品牌优势，发挥规模集聚效应。为了进一步激发出版业改革活力，政府应该鼓励出版企业的民营个性化发展及网络书店发展。比如，鼓励出版企业尝试运用O2O发展思维，充分利用互联网平台发挥出版业"长尾效应"，大力发展个性化、小众化书刊，通过聚合"小市场"来扩大国际"大市场"份额，提升出版物国际市场占有率。

8.2　行业组织促发展

出版业作为一种文化事业，同时也是一种产业，其发展离不开良好的运行机制和管理模式，组织协会积极参与是出版业健康发展的必要条件之一。检验一个国家出版业发展是否成熟的标准之一就是出版业组织和协会发展是否成熟，无论是英国还是韩国都有成熟的版权组织体系。中国出版业与西方出版国家形成了较大的贸易反差的重要原因之一，就是中国出版业行业组织的力量在推动出版业出口贸易过程中没有得到有效地发挥。

8.2.1　完善版权代理制度

中国版权贸易逆差，尤其是对欧美地区版权进口数量远远大于出口数量，重要原因是国内版权代理制度的不完善。成熟的版权代理制度不仅可以有效地规范国内出版机构版权引进市场，限制国内出版社盲目引进海外版权，而且可以为国内出版业走向海外市场牵线搭桥，拓展贸易区域，尤其是对于扩大美欧非地区版权出口的种类和数量具有重要意义。英、韩两国版权输出较多的重要原因就是国内版权代理商数量多、种类齐全、平衡发展，所以，中国出版业版权代理制度的完善，首先，就是增加版权代理数量，在版权代理企业类型方面增加图书、期刊版权代理数量，在版权代理区域方面增加中西部版权代理结构数量，解决图书期刊作为最主要版权贸易逆差种类、贸易渠道单一的问题。其次，加强市场监管，打击盗版、网络非法传播等网络侵权，为版权贸易提供良好的发展环境，通过版权市场监管引导出版企业合理引进海外版权，控制版权引进的数量和质量，提高出版业显示性比较优势指数。最后，由于畅销书是构成一国出版业品牌及其影响力的重要组成部分，提高版权代理制度管理的专业化水平，因此可以通过打造国际畅销书提升中国出版业在国际市场中名誉度，降低出版业贸易过程中的"文化折扣"程度。

8.2.2　搭建平台，促进合作

目前，国际书展仍然是国际出版业进出口贸易和文化交流的重要平台，尤其是版权贸易逐渐成为出版业贸易的最重要形式。法兰克福书展、伦敦书展、美国书展、波隆纳书展在国际出版贸易尤其是版权贸易中起到重要作用。中国出版业在提升参与国际书展的同时，克服出版业贸易壁垒，尤其针对法国、意大利、加拿大国家的壁垒，通过北京书展平台促成中国版权出口贸易合作。在这一过程中，应注重品牌参与策划特点与书展主题活动相一致，应注重展台在整体布局、人员着装及其风貌、色彩搭配、宣传展览等多方面细节。同时应积极探索同举办方共赢模式，如合作出版、投资管理、运营等方面，积极探索更加成熟的北京书展。在会展主体方面，应着重考虑"一带一路"倡议沿线国家参与热情，积极引导中国出版市场中出口量较少的发展中国家和地区，例如，非洲和南美洲。在参展形式上应加强创新，积极为数字出版贸易搭建平台，鼓励国内数字出版机构积极参与。通过良好的平台建设，将中国多元化与包容性的文化产品出口到世界各地，降低文化价值差异的阻碍因素，促进版权出口区域的平衡化。

8.3 出版企业谋发展

8.3.1 大力拓展引力型出口区位

中国出版业出口贸易主要集中在东南亚、港澳台地区，进入西方出版市场受各方面阻碍因素明显。但是伴随经济全球化发展，非洲和南美洲等新兴市场和发展中国家的传媒产业呈现出潜力巨大、发展快速、增长强势的发展特点，属于引力型出口区位。"一带一路"倡议把中国同非洲尤其是东非地区及南美洲国家（巴西、秘鲁、智利等）等沿线发展中国家联系在一起，出版业市场可以搭乘这一战略契机进入新兴市场。以非洲地区为例，较快的经济发展与多元化的文化需求为中国出版业在非洲市场的盈利空间创造了条件。近年来，孔子学院在非洲大陆快速发展，截至2015年，非洲32个国家和地区设有孔子学院38个，孔子课堂10个，教育图书可以成为中国出版业入非突破点。非洲大陆虽然官方语言以英语和法语为主，但是本地存在多种通用语言，例如斯瓦西里语类（使用人群超过5000万）出版物竞争不充分，中国出版企业可以探索语言差异化出版物进入非洲。在南美洲数字出版业发展速度较快，中国出版企业结合电子通信公司积极投入研发廉价版电子阅读设备，通过价格战积极抢占市场。与此同时，加强数据平台建设，完善数字交易服务，通过拉动南美洲数字出版市场占有率，减少中国出版物在南美洲地区的"传播盲区"，尤其是降低当地年轻读者对中国出版业存在的"认知不协调"程度。通过开拓出版业"蓝海"市场，进一步提高中国出版物国际市场占有率。

8.3.2　提高出版物质量水平

　　克服因文化价值差异带来中国出版业出口贸易"文化折扣"，通过提升出版物的质量水平增加其国际市场竞争力、缩小版权逆差问题。借鉴英国出版业专业化出版、树立国际品牌优势的方面，中国出版业应立足于全球范围进行选题策划，在统筹兼顾本土文化与世界文化基础上深入挖掘中国优秀传统文化，避免文化传播停留在功夫、中医、饮食等单一层面。首先，结合时代发展需要，大力促进专题书刊出版，如深化"一带一路"倡议书刊选题策划，通过丝绸之路连接欧、亚、非市场，减少海外读者心里隔阂。注重市场的差异性及层次性，依据世界不同文化圈进行差异化编辑。即使在同一文化圈也要区别对待，如同在汉文化圈的韩国、日本也要差别对待。比如韩国以"文"为思想文化中心的社会注重"孝"，日本作为"武"的社会注重"忠"，中国书刊出版就要区分"忠""孝"。其次，注重出版业质量、书刊翻译水平的提高。由于出版物在翻译方面得不到保障，中国出版物只能在汉文化圈传播，为了推动中国出版物更好地进入英语、法语、西班牙语等国家和地区。中国出版业应结合不同区域读者语言使用习惯，考虑俚语及专业术语的运用，保证翻译的准确性尤其是专业学术书刊翻译方面，吸引全球优秀稿源的同时保证期刊翻译质量。比如针对鲁迅《朝花夕拾》系列丛书，联合作家研究中心及海外留学背景的高端翻译人才，综合把握经典的原汁原味内涵的同时，注重艺术化表达。最后，整合文化资源，探索中国出版业"一源多用"贸易形势。我国民族众多、文化悠久，文化整合能够在保证民族文化本土性的基础上，更好地满足不同读者的文化需求。对于全球范围内畅销书刊，采用多种媒介形式相结合的方式实现融合发展，比如把畅销图书编辑出版为电子出版、影视出版等形式，延长出版物产业链条。莫言小说在东南亚地区畅销的同时，通过尝试数字化版权贸易经营、影视作品及其他衍生商品延长品牌价值，深化出版物品牌影响力。

8.3.3　加强出版人才队伍建设

完善人才队伍建设是提升出版物质量水平和提高国际出版市场占有率、扭转版权贸易逆差问题的重要内容。人才队伍建设主要包括翻译人才和贸易人才及版权代理人才等方面。在翻译人才培养方面，增加人才队伍数量，保证翻译人才薪资待遇水平是首要因素，尤其是小语种翻译人才方面，"小精尖"书刊是中国进入欧美出版市场的突破点。

针对翻译人才素质参差不齐的问题，一方面完善翻译院校专业设置，保障翻译专业能力培养的同时，注重培养学生综合素质，如增加市场营销学、心理学、传播学、社会学等与读者关系密切的学科，并增加实习机会。另一方面尝试联合培养，同出版单位共同探索更加有效的人才培养方式，完善人才考核和竞争机制。通过教育部门资格证书考试、单位绩效考核、等级晋升等多种方式相结合来提升翻译人才的学习能力和创新能力水平，增加出版企业市场化竞争力，促进出版业出口贸易。在版权贸易人才培养方面，力求使其熟悉国际版权贸易交易规则，熟悉现代传媒营销经验，提升版权贸易执行人洽谈、联系版权的工作能力，通过加强著作权法等法律教育增强版权保护意识，通过版权贸易人才促成版权出口贸易。

8.3.4　集团化发展、塑造国际品牌

由于出版集团实力弱小，与国际大型出版集团相比，中国出版业"走出去"过程中缺乏核心竞争力，集团化发展本应具有的规模效益体现得不明显。为了提高中国出版业在国际市场尤其是欧美市场品牌影响力，结合英国培生集团、剑桥大学出版社发展经验，打造国际畅销书刊。

中国出版集团化发展需要从产权制度、行政管理、公司制度等多方面加强综合管理水平，实行出版集团科学管理，适应国际化发展趋势。一方面要进一步完善出版集团现代企业管理制度。由于出版业转企改革时间比

较晚，部分出版企业只是流于形式的改革，这就需要强化企业管理、明晰产权、参与市场竞争，打破出版集团在行政力量干预下的企业并购重组带来的集团条块式发展，激发出版业拓展海外市场的决心。另一方面要加强出版集团技术水平，实现出版集团专业化、规模化生产，通过降低生产成本扩大在东南亚、日韩地区的出版优势。打通出版集团上下游生产流通，大力推进内涵式集团发展，通过资源整合扩大服务领域，实现从书刊出版向信息服务转型。尤其是打造国际畅销书，需要集合出版集团各种资源优势，集思广益形成品牌优势，以至于在国际市场同欧美出版物竞争中处于不败的地位。

8.3.5 推动数字出版业发展

伴随互联网技术、多种媒体技术融合发展趋势，数字出版业成长条件不断成熟，发展数字出版业贸易不仅可以有效弥补传统出版物需求量下降的趋势，而且能够更好地实现跨文化传播，尤其是降低新兴出版市场中年轻读者"文化折扣"程度。

数字出版贸易已成为拉动英国、美国、韩国等国家出版业发展的重要力量，中国需要结合国外数字出版业发展经验积极探索成熟的数字出版业盈利模式。例如，美国出版商们根据专业图书和教育图书刚性需求特点，结合"长尾效应"理论对书刊采用网络销售和运营。中国出版业可以借助电商平台（如京东、亚马逊及天猫国际平台）实现出版业出口贸易"长尾效应"，倡导个性化、多元化出版物发行海外市场，这种小众化出版形式延长了出版业贸易市场的"尾巴"，长尾图书通过利润的累积达到客观的贸易收入，提升出版物整体市场占有率水平。

同时积极探索数字出版业跨界经营，出版界尝试和IT企业形成战略合作，积极投入电子阅读器的研发，形成具有国际竞争优势的硬件设备。充实电子数据库也十分必要，应尽可能丰富全面电子数据库包含的书刊种类，丰富网络化书刊平台。

结　语

　　中国出版业出口贸易作为改善中国出口贸易结构和提升中国文化"软实力"的重要力量，虽然目前存在出版物国际竞争力水平薄弱和版权逆差等问题，但是多年来通过政府政策、资金等方面的扶持，中国出版业海外发展前景越来越明朗，这也令出版从业人员倍感欣慰。

　　伴随中国经济的崛起，政治影响力和综合国力水平不断提高，中国加快了深度参与国际体系调整的步伐。中国作为新兴国家不断通过各种形式发出自己的声音，从金砖五国到二十国集团峰会，从世界气候变化谈判到粮食、能源议题，从亚投行建设到推进"一带一路"倡议，中国在国际经济政治乃至文化领域备受世界关注，在国际舞台上扮演的角色越来越重要，经济政治对文化的影响力越来越明显，世界政治地位的提升为中国出版业出口贸易奠定了坚实的基础。随着中国经济结构的不断调整和各种创新能力的迸发，相信我国出版业出口海外市场的道路会越来越宽，中国的声音会传播得越来越远。

参考文献

DARON A, CANTONI D, JOHNSON S, et al. 2011.Consequences of radical reform: the French revolution[J]. American economic review (7).

AGGARWAL R, KEARNEY C, LUCEY B, 2012.Gravity and culture in foreign portfolio investment [J].Journal of Banking &Finance (2).

BRAINARD S L, 1993.An empirical assessment of the proximity-concentration tradeoff between multinational sales and trade[M].NBER working paper, No.4580.

CARLOS M P, FRANK B, 2006.Cultural distance and psychic distance: two peas in a pod? [J].Journal of International Marketing (1).

DOOBO S, 2006.Hybridity and the rise of Korean popular culture in Asia[J].Media, Culture & Society(1).

DUNNING J H, 2000.The eclectic paradigm as an envelope foreconomic and business theories of MNE activity [J].International business review(2).

EATON J, KORTUM S, 2002.Technology, geography and trade[J].Conometrica (5).

GOLDBERG L S, KLEIN M W, 1999.International trade and factor mobility: an empirical investigation [M].NBER working paper, No.7196.

HEAD K, 2003.Heterogeneity and the FDI versus export decision of Japanese manufacturers [J].Journal of the japanese and international economics (17).

HELEN R, HOSKINS, 2008.Intelleetual property and the work of information professionals [M].Meta Press: Chandos Publishing.

HELPMAN E M, MELITZ J, YEAPLE S R, 2003.Export versus FDI with heterogeneous firms [J].The american economic review (1).

HUANG R R, 2007.Distance and trade: disentangling unfamiliarity effects and transport cost effects [J].European economic review (1).

JOHANSON J, VAHLNE J E, 1977.The internationalization process of the firm-a model of knowledge development and increasing foreign market commitments [J].Journal of international business studies (8).

MARKUSEN J R, 1984.Multinationals, multiplant economies and the gains from trade [J]. Journal of international economics (3).

MUNDELL R A, 1957.International trade and factor mobility [J].The american economic review (3).

REID S D, 1983.Firm internationalization, transaction costs and strategic choice[J].International marketing review (12).

SAMIEE S, 2013.International market-entry mode decisions: cultural distances role in classifying partnerships versus sole ownership[J].Journal of business research (5).

STEPHEN E S, 2002.Copyright industries in the U.S.economy [J].International intellectual property alliance(IIPA).

TADESSE B, WHITE R, 2010.Does cultural distance hinder trade in goods? A comparative study of nine OECD member nations [J].Open economies review (2).

蔡晓宇,2015.思维、认识与举措:出版业改革发展的战略思考[J].出版广角(8).

曹胜利,谭学余,2008."走出去"存在的问题、机遇和建议[J].出版广角(9).

陈柏福,2014.我国文化产业"走出去"发展研究——基于文化产品和服务的国际贸易视角[M].厦门大学出版社.

陈德金,2012.中国传媒集团国际化发展战略研究——基于跨文化的视角[M].上海交通大学出版社.

陈发师,2010.浅析我国文化产业的比较优势[J].生产力研究(6).

陈伟光,郭晴,2019.中国对"一带一路"沿线国家投资的潜力估计与区位选择[J].宏观经济研究(9).

程惠芳,阮翔,2004.用引力模型分析中国对外直接投资的区位选择[J].世界经济(11).

程娟,2014.文化距离与中国文化创意产品出口[D].广州:广东外语外贸大学.

杜江,宋跃刚,2014.制度距离、要素禀赋与我国OFDI区位选择偏好——基于动态面板数据模型的实证研究[J].世界经济研究(12).

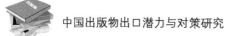

范军,2011.我国新闻出版"走出去"的理论与实践[J].出版发行研究(11).

方英,刘静忆,2016.中国与"一带一路"沿线国家间的出版贸易格局[J].科技与出版(10).

方允仲,2009.中国出版"走出去"的困扰和反思[J].中国出版(4).

付海燕,薛国珍,2011.我国图书进出口量化对比及结构演化分析[J].出版发行研究(6).

高敏雪,许晓娟,李静萍,等,2010.追寻中国经济与世界的联系——对外经济统计数据估算与计量分析[M].经济科学出版社.

耿蕊,2010.中国动漫产业集群发展研究[D].武汉:武汉大学.

郭梅君,2011.创意产业发展与中国经济转型的互动研究[D].上海:上海社会科学院.

洪九来,陈红进,2008.简论中国出版业在图书"走出去"战略中的目标取向[J].中国出版(3).

胡小洋,邱均平,2015.比较视角下的中国学术期刊发展问题研究[J].中国科技期刊研究(1).

黄先蓉,冯博,2013.对英国Newzbin和海盗湾在线版权侵权案的思考[J].中国版权(4).

黄先蓉,田常清,2013.我国出版产业国际竞争力提升战略研究[J].中国出版(1).

阚大学,罗良文,2011.文化差异与我国对外贸易流量的实证研究——基于贸易引力模型[J].中央财经大学学报(7).

黎强,2007.谈谈中国出版业"走出去"的难点问题[J].编辑之友(6).

李春顶,2009.出口贸易、FDI与我国企业的国际化路径选择——新-新贸易理论模型扩展及我国分行业企业数据的实证研究[J].南开经济研究(2).

李舸,2010.我国出版资本"走出去"问题初探[J].中国出版(6).

李敏鹤,2007.我国文化产业国际竞争力比较[D].厦门:厦门大学.

李淑芳,2010.英国文化创意产业发展模式及启示[J].当代传播(11).

李新,2008.从"中国图书对外推广计划"看中国出版"走出去"[J].出版参考(34).

刘红叶,2013.欧盟文化政策研究[D].北京:中共中央党校.

刘佳,2012.从英汉教材对比看对外汉语主要教材编写本土化问题[D].广州:暨南大学.

刘建华,2013.对外文化贸易研究[M].中国书籍出版社.

刘利成,2011.支持文化创意产业发展的财政政策研究[D].北京:财政部财政科学研究所.

刘松,付海燕,2016.中国传媒业非洲市场拓展研究[J].北京印刷学院学报(3).

刘晔,2015.关于出版产业发展方式转变的几点思考[J].出版广角(6).

刘益,2013.国外出版集团经营管理研究[M].中国宇航出版社.

刘拥军,2013.着力推进新闻出版七大人才队伍建设[J].出版广角(2).

刘玉军,2008.试论全球经济一体化背景下中国图书"走出去"[J].北京印刷学院(5).

路小静,2010.中国出版业"走出去"战略研究[D].武汉:武汉大学.

路小静,2010.中国出版业"走出去"战略研究[D].武汉:武汉大学.

聂绛雯,2014.数字出版的传播链条与效果分析[J].出版发行研究(5).

潘文年,2011.中国出版业"走出去"研究[D].南京:南京大学.

潘文年,2009.中国出版企业海外市场投资模式比较分析[J].中国出版(2).

潘文年,2010.中国出版业"走出去"跨国经营的本土化分析[J].中国出版(9).

邱晨奕,2009.美国数字出版的赢利之道[J].上海信息化(7).

曲慧敏,2012.中华文化走出去战略研究[D].济南:山东师范大学.

沈鑫,2012.美国对外贸易中的知识产权保护政策研究[D].广州:暨南大学.

盛斌,廖明中,2004.中国的贸易流量与出口潜力:引力模型的研究[J].世界经济(2).

舒童,2013.我国出版集团产权改革与绩效研究[D].济南:山东大学.

宋晓红,2009.对我国出版物进口状况的思考[I],出版发行研究(7).

宋一森,李卓,杨昊龙,2015.文化距离、空间距离哪个更重要——文化差异对于中国对外
    贸易影响的研究[J].宏观经济研究(9).

孙英春,2015.跨文化传播学[M].北京大学出版社.

田晖,蒋辰春,2012.国家文化距离对中国对外贸易的影响[J].国际贸易问题(3).

王化鹏,2003.谈谈中国的出版走向世界[J].出版发行研究(9).

王欣,2014.基于国际贸易分工条件下我国创意产业国际竞争力研究[D].上海:东华大学.

王尧美,2014.韩国"一源多用"的文化产业发展模式对我国出版业的启示[J].编辑之友
    (10).

魏浩,何晓琳,赵春明,2010.制度水平、制度差距与发展中国家的对外贸易发展——来自
    全球31个发展中国家的国际经验[J].南开经济研究(5).

魏瑞,2013.经济学视角下我国对外图书版权贸易逆差现象的探讨[J].出版广角(8).

夏颖,2013.我国版权资源增值利用的对策研究[D].武汉:武汉大学.

徐金娥,2008.我国中小出版社专业化发展研究[D].重庆:重庆大学.

许陈生,程娟,2013.文化距离与中国文化创意产品出口[J].国际经贸探索(11).

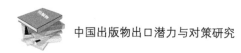

薛华,2009.中美电影贸易中的文化折扣研究[D].北京:中国传媒大学.

姚柏年,2012.数字出版商业模式研究[D].华东师范大学硕士论文.

姚宝权,2015."一带一路"视域下出版走出去的问题,优势与路径选择[J].中国出版(17).

于晓燕,2009.我国图书版权贸易逆差成因及对策[J].对外经贸实务(10).

于永湛,2006.关于中国出版走出去的思考[J].出版科学(2).

翟璐,2015.韩国文化产业政策分析[D].长春:吉林大学.

张福海,郝振省,2014.新闻出版业走出去工作指南(上、下册)[M].高等教育出版社.

张宏,2014.全球视野下的中国出版走出去:话语权和传播力构建[D].上海:上海外国语大学.

张洪,田杨,2006.辽宁出版集团"走出去"的实践与探索[J].出版发行研究(12).

张梅芳,刘海贵,2014.基于"博览会模式"的我国出版业"走出去"政策反思与优化[J].新闻大学(3).

张硕洋,洪九来,2016.中国图书版权贸易"走出去"的成绩、困境及对策——基于对行业人士实证调查的分析[J].中国版权(3).

张雅,2010.我国著作权法定许可制度的完善研究[D].湖南大学硕士论文.

张亚丽,2014.我国文化产业发展及其路径选择研究[D].长春:吉林大学.

张雨晗,2007.河南出版"走出去"战略分析[J].出版发行研究(8).

赵亮,吕静,2012."钻石模型"下的新闻出版业强国建设[J].新闻界(2).

郑建涛,卜彦芳,2010.解读英国出版业的"达·芬奇密码"[J].出版发行研究(2).

周进,2009.当今畅销书版式设计的几点思考[J].中国出版(8).

朱朝旭,2004.为中国出版走出去出良策[J].出版参考(6).

朱华,2005.出版集团化现象研究[D].郑州:郑州大学.

朱晓华,2012.国际贸易翻译人才的素质探析[J].中国商贸(2).

附录1 关于加快我国新闻出版业"走出去"的若干意见

为深入贯彻党的十七届六中全会精神，落实《新闻出版业"十二五"发展规划》及《新闻出版业"十二五"时期"走出去"发展规划》，切实提升我国新闻出版业的国际竞争力、传播力和影响力，推动新闻出版强国建设，现就进一步推动新闻出版业"走出去"提出如下意见。

一、我国新闻出版业"走出去"的态势与机遇

1.新闻出版业"走出去"的基本态势。"十一五"时期，新闻出版业全面实施"走出去"战略，版权输出数量和品种不断扩大，版权贸易逆差由"十五"末的7.2：1进一步缩小至2.9：1；数字出版产品出口势头强劲；实物产品出口持续增长，出版物已进入世界190多个国家和地区，一些重点产品在海外市场创出品牌，一大批有影响力的新闻出版产品走进国际主流社会，有力地推动了中华文化走向世界；印刷服务出口产值逐年扩大，顺差优势明显；企业"走出去"积极性日益高涨，合作模式不断创新，渠道不断拓展，资本和实体输出成果丰硕；政策体系不断完善，"走出去"人员素质逐步提高，人才队伍日渐壮大；新闻出版业的国际影响力得到提升。与此同时，新闻出版业"走出去"还存在着思想认识有待进一步加深、版权贸易逆差有待进一步扭转、出口产品质量有待进一步提升、外向型骨干企业有待进一步培育、相关扶持政策有待进一步完善、"走出去"人才有待进一步培养等方面的问题。

2.新闻出版业"走出去"面临良好机遇。十七届六中全会"文化强

国"战略的提出，党中央国务院一系列"走出去"方针政策的出台，一批
有实力的新闻出版企业新型市场主体地位的确立以及高新技术的有力推
动，为新闻出版业"走出去"带来了良好机遇，同时也提出了新的使命。
当前，加快推动新闻出版业"走出去"是提升我国文化软实力、增强中华
文化影响力的必然要求；是发展国家公共外交、促进国际社会理解和认同
的重要途径；是打造新闻出版强国，推动文化产业成为国民经济支柱性产
业的重要举措。全行业一定要进一步加深对新闻出版业"走出去"重要性
的认识，切实增强机遇意识和忧患意识，采取各种有效措施，大力推动新
闻出版业"走出去"。

二、主要目标与重点任务

(一)主要目标

1.力争到"十二五"末，版权输出数量突破7000项，引进与输出比例
降至2：1，力争持平；数字出版产品和服务出口金额突破10亿美元，年均
增长30%以上；实物出口数量突破1150万册（份、盒、张），出口金额突
破4200万美元；印刷服务出口规模总量达到1000亿元人民币。

2.力争到"十二五"末，新闻出版业"走出去"政策体系更加完备；
新闻出版企业海外投资额显著增长；培育一批有国际影响力的知名品牌；
打造一批实力雄厚、有国际竞争力的"走出去"龙头企业；培养一批外向
型高层次的新闻出版专业人才；"走出去"国际布局基本完成；我国新闻
出版业的国际竞争力、传播力和影响力显著增强。

(二)重点任务

1.加强"走出去"宏观布局。以发达国家、周边国家和地区为重点，
以发展中国家为基础，以海外华文市场为依托，建立起覆盖广泛、重点突
出、层次分明的"走出去"新格局。实施差异化战略，根据不同国家和地
区的不同文化需求，采取不同的"走出去"策略和方式；实施多元并举，

鼓励出版集团、专业出版社、数字出版企业和民营企业挖掘自身独特优势，拓展不同领域的国际市场；实施本土化战略，注重与海外资金、技术、渠道、人才等要素相结合，开发推广适合当地阅读和消费习惯的出版物产品；实施以进带出战略，借助国际合作企业的资源优势，带动出版物"走出去"；实施科技带动战略，发挥高新技术的平台和渠道优势，推动出版物"走出去"。

2.加快推动版权"走出去"。切实扩大版权输出数量，进一步改善进出口比例。加大对发达国家、周边国家和地区的版权输出力度，拓展对发展中国家的版权输出，进一步优化版权输出的区域结构。加强主流语种版权输出的同时，进一步加强小语种版权输出，强化单品种多语言的版权输出，不断完善版权输出的语种结构。加强对文学类、科技类、社科类、娱乐生活类等出版物版权输出，扩大版权输出的题材和品种，优化版权输出的内容结构。加强对数字出版产品的版权输出，不断改进版权输出的形态结构。改进合作方式，加大合作出版力度。

3.加快推动数字出版产品"走出去"。鼓励和扶持新闻出版企业生产更多外向型数字出版产品。实施骨干带动战略，推动数字出版重点企业和产业基地"走出去"。加快研发数字、网络出版核心技术，积极参与国际标准化事务，占据国际竞争制高点。搭建数字出版"走出去"内容平台，加快整合传统出版企业内容资源，发挥规模优势，扩大优质在线出版内容增值服务范围、增强内容增值服务能力，全面提升我国数字出版产品的核心价值和数字出版企业的国际竞争力。

4.加快推动实物产品"走出去"。充分调动各种所有制企业的出口积极性，使实物产品的出口数量和金额继续保持增长。实施品牌战略，加强内容自主创新，重点推出一批弘扬社会主义核心价值体系、展示中华文化独特魅力、反映当代中国精神风貌和学术水准、贴近国外受众文化需求和消费习惯的品牌产品，在大众图书、专业图书、教育图书、大众消费类期刊、专业类期刊、学术类期刊等重点领域打造一批国际知名品牌。丰富实物出口的产品形态，加大图书、报纸、期刊、电子、音像等各类出版产品的出口力度，推动新闻出版产品进入国际主流营销网络，影响国外主流人群。

5.加快推动印刷服务"走出去"。鼓励印刷服务出口企业拓展海外印刷业务，开拓国际新兴市场。支持国家印刷示范企业建立海外印刷基地。支持印刷复制企业应用低碳科技，在国际市场上推广环保形象和绿色品牌，吸引境外委托客户。鼓励印刷企业在国外建立第三方联络机构，参与国际竞标。

6.加快推动新闻出版企业、资本"走出去"。整合各种资源，推动新闻出版企业跨区域、跨行业、跨媒体、跨所有制经营和重组，着力打造一批综合性跨国出版传媒集团。重点扶持一批外向型骨干企业，通过独资、合资、合作等方式，到境外建社建站、办报办刊、开厂开店。鼓励有条件的新闻出版企业通过上市、参股、控股等多种方式，扩大境外投资，参与国际资本运营和国际企业管理。引导各类所有制企业有序地到境外投资、合作，提高国际化经营水平，防范和化解境外投资风险。

7.加快建立"走出去"国际营销网络。积极实施"借船出海"战略，加强与全球性和区域性大型连锁书店的合作，进一步拓展国际主流营销渠道。积极利用海外资金、人才、管理经验等要素，整合和巩固海外华文出版物营销网络和渠道，进一步拓展海外市场。搭建数字内容资源跨境投送平台，加大对数字出版产品的输出。积极开拓网络书店等新型出版物的销售渠道。

8.加快构建"走出去"人才体系。通过开展出国培训、选派挂职锻炼、促进业务交流与合作等方式，培养版权保护、国际出版贸易、国际出版合作和国际新闻出版编译传播等国际化新闻出版人才，形成新闻出版业"走出去"人才体系。

三、主要措施

(一)有效利用现有扶持政策

1.依照《文化产业发展专项资金管理暂行办法》(财教〔2010〕81号),以贷款贴息、项目补助、补充国家资本金、绩效奖励、保险费补助和其他经财政部批准的支持方式,对新闻出版"走出去"企业、项目、实物和相关服务予以支持。

2.依照《中小企业国际市场开拓资金管理办法》(财企〔2010〕87号),对企业项目(符合条件的中小企业独立开拓国际市场的项目)和团体项目(符合条件的企、事业单位和社会团体组织中小企业开拓国际市场的项目)给予资金支持。主要支持内容包括境外展览会、国际市场宣传推介、国际市场考察、企业培训、境外收购技术和品牌等。对于面向拉美、非洲、中东、东欧、东南亚、中亚等新兴国际市场的拓展活动给予优先支持。支持金额原则上不超过项目支持内容所需金额的50%,对中、西部地区和东北老工业基地的中小企业及面向新兴国际市场的拓展活动可提高至70%。

3.依照《宣传文化发展专项资金管理办法》(财教〔2007〕157号),对新闻出版产品和服务出口予以资助;对新闻出版"走出去"重点图书和专业学术著作出版困难予以补助;对"走出去"的优秀图书进行奖励;对"走出去"出版企业和印刷企业的设备更新、技术改造等予以资金支持。

4.依照《关于支持文化企业发展若干税收政策问题的通知》(财税〔2009〕31号),对出口图书、报纸、期刊、音像制品、电子出版物等新闻出版产品的企业给予增值税出口退税政策支持。依照《关于鼓励和支持文化产品和服务出口的若干政策》(国办发〔2006〕88号),对企业在境外提供文化劳务取得的境外收入不征营业税;对企业向境外提供翻译劳务和进行著作权转让而取得的境外收入免征营业税;对在境外已缴纳的所得税款按现行有关规定抵扣。

5.依照《关于进一步推进国家文化出口重点企业和项目目录相关工作的指导意见》（商服贸发〔2010〕28号），通过贷款贴息、项目补助、奖励、保费补助等多种方式支持新闻出版产品和服务等的出口；支持新闻出版企业在境外参展、宣传推广、培训研讨和境外投标等市场开拓活动；支持重点新闻出版产品的对外翻译制作和出版活动。尽快研究建立健全版权等无形资产价值评估体系，制定无形资产价值评估标准，建立无形资产价值评估中介机构和抵（质）押登记、交易平台。进一步完善出口信用保险体系。根据我国文化出口实际情况，采取灵活承保政策，优化投保手续，不断扩大支持规模，为新闻出版企业提供快捷高效的风险保障、融资便利、资信评估和应收账款管理等服务。

6.依照《关于金融支持文化出口的指导意见》（商服贸发〔2009〕191号），对符合《文化产品和服务出口指导目录》条件的出口类企业和项目给予支持。鼓励新闻出版企业积极运用进出口银行提供的包括新闻出版产品和服务（含动漫）出口信贷、国际会展服务设施建设贷款、境外投资贷款、高新技术产品出口卖方信贷等信贷类业务产品以及结算、结售汇、贸易融资、对外担保、财务顾问等中间业务产品。对新闻出版企业的境外投资项目、属于软件产品范围的动漫产品出口卖方信贷提供信贷支持。积极探索股权、股票、债券、存货、仓单、保单、出口退税、应收账款、知识产权质押及由专业担保机构提供第三方担保等组合担保方式，以提高新闻出版企业的融资担保能力。

7.依照《国家出版基金资助项目管理办法》（新出联〔2008〕8号）及年度申报指南，对研究中国特色社会主义的学术著作、中国文化经典和科学成果的对外翻译出版项目给予资助；对反映我国改革开放和现代化建设成就，展示当代中国经济社会发展面貌和人民精神面貌的对外翻译出版项目给予资助；对展示中华民族灿烂文化，推广中国文化经典，扩大中华文化国际传播力和影响力的重大出版项目给予资助。

8.依照《民族文字出版专项资金管理暂行办法》（财教〔2007〕258号），对民族语言文字出版物出口和版权输出等"走出去"项目给予资助；对民族语言文字出版物的编译给予资助。

9.依照《境内机构境外直接投资外汇管理规定》（汇发〔2009〕30号），鼓励新闻出版企业使用自有外汇资金、符合规定的国内外汇贷款、人民币购汇或实物、无形资产及经外汇局核准的其他外汇资产来源等进行境外直接投资。依照《关于进一步推进国家文化出口重点企业和项目目录相关工作的指导意见》（商服贸发〔2010〕28号），完善新闻出版出口收汇管理，加快企业出口收汇资金结算速度，改进出口收汇核销方式，简化出口核销手续。

10.依照《关于鼓励和支持文化产品和服务出口的若干政策》（国办发〔2006〕88号），鼓励和支持各种所有制新闻出版企业积极开展、参与和从事新闻出版产品和服务出口业务。从事图书、报刊、电子音像制品等国际版权贸易的新闻出版单位要积极拓展出口业务，加大出口业务在总业务中的比重，对进出口比例严重失衡的要削减版权引进数量和引进指标。支持出版集团公司和具有一定版权输出规模的出版社成立专门针对国外图书市场的出版企业，经批准可配备相应出版资源。对重点出口图书和音像制品的翻译、参加境外博览会的场馆租金给予一定补贴。

(二)进一步优化新闻出版资源配置

1.支持出版传媒企业创办完全面向国际市场的外语类期刊，并配置相应出版资源。

2.对完全针对国外外语市场开展出版业务的非公有制企业、中外合资企业给予特殊扶持政策。

3.对新增的科技类中外版权合作期刊，须确保每期有不低于10%的原创中国内容被国外合作期刊转载；对续批的中外版权合作期刊，社科类须确保每期有不低于15%、科技类须确保每期有不低于10%的原创中国内容被国外合作期刊转载。

4.在出版单位等级评估办法中原有"版权输出数量"指标的基础上,同时增加新闻出版产品与服务出口年收入、从事国际业务拓展人员数量两项"走出去"相关指标,并相应增加权重比例。

5.在国家"十二五"重点出版物选题规划中增加"走出去"选题的数量和品种。

6.对版权贸易输出与引进逆差超过1∶3的新闻出版企业实行重点监控,采取有效措施促使其改善版权贸易结构。

7.在新闻出版单位高级职称评审条件中增加"走出去"的相关考评内容。

8.鼓励和支持有条件、有实力的网络出版单位努力开拓国际市场,研发、出版适应国际市场需要的、能够产生稳定境外流量的数字、网络出版产品;鼓励和支持有国际在线内容增值服务市场需求的网络出版单位建立境外服务网站,力争"十二五"末,一批重点网络出版服务单位境外收入占单位年营业额的10%以上。

9.每年承接境外印刷加工业务占企业主营业务量30%以上,且年度对外加工业务营业额在2000万美元以上的印刷企业可以认定为国家印刷复制示范企业。

10.加强对出版物进出口经营单位的量化考核,年度出口金额增长幅度须大于进口金额增长幅度,并按出口实绩配置进口权限。

(三)大力实施重点工程

1."经典中国"国际出版工程

采用项目管理方式资助外向型优秀图书选题的翻译、出版、推广,以版权输出和合作出版等方式,实现对外出版发行,提高中国出版物国际竞争力;鼓励面向国际市场推广弘扬社会主义核心价值体系、展示中华文化独特魅力、反映当代中国精神风貌和学术水准的优秀出版物。

2. 中国图书对外推广计划

以翻译费资助方式，鼓励国外出版机构翻译出版优秀中国图书。重点推荐反映中国当代社会政治、经济、文化等各个方面发展变化，有助于国外读者了解中国、传播中华文化的著作；反映国家自然科学、社会科学等领域重大研究成果的著作；介绍中国传统文化、文学、艺术等具有文化积累价值的著作。

3. 中国原创网络游戏海外推广计划

组织中国优秀网络游戏出版企业参加国际会展、研讨、交流等活动，提供政策、资金支持，加快优秀原创网络游戏版权贸易输出步伐，鼓励大型网络游戏出版企业以版权输出、合作出版和直接投资等方式积极参与国际市场竞争，提高中国网络游戏出版企业和原创网络游戏出版物的国际竞争力和影响力。

4. 中国出版物国际营销渠道拓展工程

加强与全球性和区域性大型连锁书店的合作，拓展国际主流营销渠道；整合和巩固现有海外华文出版物营销渠道；积极开拓重要国际网络书店等新型出版物销售渠道。构建国际立体营销网络，推动更多中国优秀出版物走向世界。

5. 重点新闻出版企业海外发展扶持工程

加快我国新闻出版企业海外发展步伐，为重点新闻出版企业的产品输出、境外机构设立、境外资本运营等提供支持。重点扶持20家外向型骨干企业，通过独资、合资、合作等方式，到境外建社建站、办报办刊、开厂开店、开网站；通过参股、控股等多种方式，扩大境外投资，参与国际资本运营和国际企业管理；鼓励和支持各种所有制企业拓展新闻出版产品和服务出口业务。

6. 中外图书互译计划

加大"中外图书互译计划"实施力度，与30个重点国家和地区签订双边出版交流与合作协议，不断扩充"中外互译图书"系列，举办"中外互译图书"展和"中外互译图书"双边出版经验交流会。

7. 边疆地区新闻出版业"走出去"扶持计划

实施边疆地区新闻出版业"走出去"扶持计划，鼓励新疆、西藏、云南、广西、内蒙古、辽宁、吉林、黑龙江等省（区）与周边国家建立更加密切关联系，扩大我国新闻出版产品与服务对周边国家的输出。

（四）完善会展平台

1. 强化北京国际图书博览会的品牌效应。通过国际化品牌运作，创新展示形式与手段，提高市场化程度，进一步将北京国际图书博览会打造成国际图书版权交易的重要平台和展示中国文化的重要窗口。

2. 打造重要国际书展中国主宾国活动品牌。借助国际书展平台，办好中国主宾国活动。以尊重文化多样性、促进世界和谐发展为原则，积极调动各种资源，开展多种形式的交流活动，不断扩大版权贸易，充分展现中华文化的亲和力与感召力，使主宾国活动成为推动中国新闻出版"走出去"、影响国际舆论、展示国家形象的最有效模式。

3. 支持参加重要国际出版展会。大力扶持在中国举办的新闻出版装备展、ChinaJoy、中国国际全印展等重要国际出版展会。对新闻出版企业参加法兰克福书展、伦敦书展、美国书展、波罗尼亚书展、美国电子娱乐展览会（E3）、科隆游戏展（Games. Com）等重要国际书展和国际数字出版产品展活动给予支持，对在境外重要展会上实现版权输出、实物出口成绩显著的单位和个人给予奖励。

4. 推行国际书展承办权招投标制。按照国际书展运行规律，以更好地服务新闻出版企业"走出去"为目的，加快改进和完善国际书展承办体制，力争两年内不少于10个国际书展的参展承办权采用招投标制运行，实现参展承办权与国际运行规则的接轨。

5. 搭建服务周边国家的交易平台。积极搭建以新疆、广西、吉林等边疆省（区）为中心，辐射周边国家的新闻出版交易平台，加强与周边国家的文化交流。

(五)加强信息服务

1.建立和完善国际新闻出版资讯库。实现对重点国家和地区新闻出版市场情况的动态了解;强化对国际文化市场、主要国家文化政策和国际重点新闻出版企业的研究;加强对"走出去"投资风险和防范手段的研究。建立"中国出版物国际传播力监测系统",对我国新闻出版产品在国外各个渠道、市场的销售情况进行监测,以及时掌握国际市场对我国新闻出版产品的需求。

2.搭建信息服务平台。新闻出版信息服务机构要以信息共享、互联互通为重点,构建翻译人才库、版权交易信息库、重点项目库、中外作家库;搭建多语种的国家级"走出去"信息服务平台,为企业提供市场供求、版权贸易、政策咨询、法律服务、翻译服务等全方位信息服务。

3.完善统计指标体系。把数字出版产品的出口、中外合作出版的产品、作者和民营策划公司向境外输出的版权、非公有制文化企业在境外销售的产品,分别纳入新闻出版业"走出去"统计范畴。

(六)加快培育和发展中介机构

1.充分发挥现有行业协会的作用,支持行业协会内部设立专门的"走出去"协调监督部门,服务于企业"走出去"的需求,加强"走出去"企业的自律,维护"走出去"企业的利益。

2.鼓励和支持企业在自愿基础上成立新闻出版产品和服务出口促进组织,扩大对外宣传,集中优势开拓海外市场。

3.鼓励投资促进机构、版权代理机构、人才培训机构、法律咨询机构、会展服务机构等社会中介组织着力开展服务于新闻出版业"走出去"的各项业务。

(七)加大人才培养力度

1.新闻出版人才培训机构负责对新闻出版系统承担"走出去"工作的人员,按照"走出去"的不同形态进行系统的专题培训。

2. 在边疆省份建立"走出去"人才培养基地，提高新闻出版企业从业者素质，加强与周边国家的人才交流。

3. 与国际大型出版传媒集团合作，开展国际出版贸易人才联合培养长期计划。每年在全国范围内选拔10名版权贸易和实物贸易业绩突出的"走出去"相关工作人员出国进行中长期培训；选拔150名版权贸易相关人员出国进行短期培训。

4. 注重国外人才与"海归"人才的引进，注重发挥国外作者和翻译人才的作用。

(八)完善新闻出版企业内部机制

1. 各新闻出版集团、"走出去"重点出版单位要建立健全对外合作组织机构，专设"国际合作部"，配备专业人员，专职负责"走出去"工作。

2. 加强对本单位"走出去"工作的规划，制定切实可行的目标。

3. 要设立"走出去"专项扶持资金；要采取措施加大"走出去"人才队伍的培养；要进一步完善"走出去"绩效考核机制，将"走出去"业绩与个人年终考核效益挂钩，对开展"走出去"业务较为突出的集体和个人给予表彰奖励。

(九)完善宣传表彰奖励机制

1. 在中国出版政府奖、中华优秀出版物奖、韬奋出版新人奖、全国新闻出版系统先进集体、先进工作者和劳动模范评选等新闻出版领域奖项中把"走出去"业绩列为重要的评审内容，对年度"走出去"优秀出版物、重点企业和先进个人给予通报表扬。

2. 国家新闻出版行政管理部门定期召开"走出去"工作会议。对在传播中国主流文化方面作出突出业绩的企业和个人，对积极引进我国版权的国外文化机构和企业，对为我国开拓国际市场做出贡献的国内外媒体、中介机构和友好人士，给予相应的表扬和鼓励。

3. 大力宣传和推广各地区、各单位、各部门在"走出去"方面的典型经验和典型案例。

(十)加强组织领导

1. 各地新闻出版行政管理部门要把推动新闻出版业"走出去"作为"一把手"工程，建立健全对外合作机构专职负责"走出去"工作，增加人员编制，理顺工作机制，确保经费支持。要做好"走出去"的相关指导、协调和管理工作，不断创新工作思路、提高工作水平，为推动"走出去"提供强有力的组织保障。

2. 各地新闻出版行政管理部门要结合本地区实际情况，制定本地区新闻出版业"十二五"时期"走出去"发展规划，出台目标明确、切实可行的扶持政策，加强与地方相关部门的协调合作，努力为本地区新闻出版业"走出去"营造良好环境。

附录2　新闻出版业"十二五"时期"走出去"发展规划

　　为贯彻党的"十七大"关于加强对外文化交流，增强中华文化国际传播力和影响力的精神，巩固和扩大应对国际金融危机冲击成果，落实《文化产业振兴规划》有关"走出去"的重点任务，结合《新闻出版业"十二五"发展规划》的实施，特制定本规划。

一、新闻出版业"走出去"现状

　　"十一五"以来，党中央、国务院大力实施"走出去"战略，推动包括新闻出版业在内的文化"走出去"。新闻出版总署及中央有关部门也出台了一系列政策措施支持新闻出版业"走出去"，新闻出版业"走出去"的政策体系基本形成，企业"走出去"积极性日益高涨，"走出去"企业不断增加，"走出去"模式不断创新，渠道日渐多元化，对外贸易结构逐步改善，一批有影响力的产品成功进入国际主流市场，实现了新闻出版产品和服务出口双增长，有力推动了中华文化走向世界。

(一)"十一五"期间我国新闻出版业"走出去"成绩显著

　　1. 版权贸易逆差不断缩小，结构持续改善。与"十五"末相比，2010年版权输出总量增长275%，版权引进输出比从7.2∶1缩小至2.9∶1。其中，作为版权贸易主体的图书版权输出结构不断优化，对重点发达国家的输出总量增长迅速，比"十五"末增长近14倍。

　　2. 数字出版产品出口表现出强劲势头。"十一五"期间，我国一批自主研发的网络游戏进入海外市场，2010年出口额突破2亿美元，期刊数据库的海外付费下载收入近千万美元，电子书海外销售收入达5000万元人民币。

3. 新闻出版实物产品出口继续保持增长。尽管受到数字化浪潮、金融危机和人民币升值等多重因素的冲击，实物产品出口在2010年仍保持平稳增长，与"十五"末相比，出口数量增长近30%，金额增长7%，输出品种保持了大于引进品种的趋势。其中，图书出口数量与"十五"末相比增长36%，出口金额增长11%。一批有影响的产品走进国际主流社会。

4. 印刷服务出口产值逐年扩大，顺差明显。2009年，我国印刷服务出口收入总计约510亿元人民币，比"十五"末增长75.86%，占印刷工业总产值的比例稳定保持在10%左右。

5. 新闻出版企业"走出去"数量增加，质量提升。通过独资、合资、合作等方式，中国企业在境外办刊、办报、办社、办厂、办店的数量和规模在不断扩大。目前，在境外运营的各种分支机构已达300余家，质量也明显提高。

6. 新闻出版"走出去"服务平台作用愈加凸显。版权和实物交易平台、信息服务平台及人才培养平台已构成强有力的"走出去"平台支撑体系。北京国际图书博览会、法兰克福国际书展等国内外书展平台已成为版权输出及实物出口的重要途径。

(二)新闻出版业"走出去"存在的主要问题

从总体上看，全行业对"走出去"重要性的认识还有待进一步加深，企业"走出去"的积极性还有待进一步培育；一些扶持政策未能得到有效落实，相关配套政策有待进一步完善；版权输出仍存在逆差，品牌有待进一步强化；数字出版产品的出口潜力有待进一步挖掘；实物产品出口规模有待进一步扩大；印刷服务出口的数字化、低碳化水平有待进一步提高；"走出去"骨干企业的国际竞争力和影响力有待进一步增强。

(三)加快新闻出版业"走出去"的必要性和紧迫性

加快新闻出版业"走出去"是提升我国文化软实力、增强中华文化国际竞争力和影响力的必然要求；是发展国家公共外交、促进国际社会对中国的理解和认同的重要途径；是深化文化体制改革，打造新闻出版强国，推动文化产业成为国民经济支柱性产业的重要举措；是新闻出版业调整产业结构、转变经济发展方式的必要手段；是积极利用"两种资源，两个市场"，提高企业抗风险能力的现实需要。全行业一定要进一步加深对"十二五"时期新闻出版业"走出去"重要性的认识，要进一步增强机遇意识和忧患意识，切实采取各种有效措施，以时不我待的精神，大力推动新闻出版业"走出去"。

二、推动我国新闻出版业"走出去"的指导思想、基本原则和主要目标

(一)指导思想

以邓小平理论和"三个代表"重要思想为指导，深入贯彻落实科学发展观，高举旗帜，围绕大局，统筹国内国际两个市场、两种资源，统筹新闻出版对外交流与对外贸易，统筹扩大出口规模与调整出口结构，突出重点、强化措施，切实加快新闻出版"走出去"步伐，不断扩大中华文化的国际竞争力和影响力。

(二)基本原则

坚持以社会效益为主，经济效益与社会效益相统一的原则；坚持以政府为主导、企业为主体、市场化运作的运行体制；坚持政策扶持、项目带动、平台支撑的运行机制；坚持科技带动，不断提升新闻出版"走出去"的科技含量；坚持多元并举，鼓励各种所有制企业积极参与；坚持"以进带出"，加强对新闻出版产品进出口的宏观调控；坚持差异化战略，根据不同国家和地区的不同文化需求，采取不同的策略和方式；坚持以人为本，最大限度地发挥新闻出版工作者的积极性、主动性和创造性。

(三)主要目标

力争到"十二五"末,新闻出版业"走出去"政策体系更加完备;版权输出数量突破7000项,引进与输出比例降至2∶1;数字出版产品和服务出口金额年平均增长32%,到"十二五"末出口额突破10亿美元;实物出口数量和金额继续保持增长,出口数量突破1150万册(份、盒、张),出口金额突破4200万美元;印刷服务出口规模总量达到1000亿元人民币;新闻出版企业海外投资额显著增长;培育一批有国际影响力的知名品牌;打造六到七家实力雄厚、有国际竞争力的"走出去"龙头企业;培养一批外向型高层次的新闻出版专业人才;在30个左右国家有计划地布局布点,基本形成覆盖广泛、重点突出、层次分明的新闻出版业"走出去"新格局,我国新闻出版业的国际竞争力和影响力显著增强。

三、重点任务

(一)大力推动版权"走出去"

切实扩大版权输出数量,进一步改善进出口比例;优化输出结构,加大对发达国家、周边国家、港澳台地区的版权输出力度,拓展对发展中国家的版权输出;完善语种结构,以欧美及周边国家和地区为重点,兼顾其他国家和地区;优化内容结构,加强文学类、科技类、学术类等出版物的版权输出,提高版权输出的质量;改进形态结构,加强数字出版产品版权输出;改进合作方式,加大合作出版力度。

(二)大力推动数字出版产品"走出去"

实施骨干带动战略,加大扶持数字出版重点企业和产业基地"走出去"的力度;在鼓励各种数字出版产品"走出去"的基础上,重点支持动漫、网络游戏、期刊数据库、电子书等数字产品进入国际市场;整合传统出版企业数字出版产品资源,提升其国际谈判能力。

(三)大力推动实物产品"走出去"

充分调动各种所有制企业的出口积极性，使实物产品的出口数量和金额继续保持增长；实施品牌战略，加强内容自主创新，重点推出一批弘扬社会主义核心价值体系、展示中华文化独特魅力、反映当代中国精神风貌和学术水准、贴近国外受众文化需求和消费习惯的品牌产品；丰富实物出口的产品形态，加大图书、报纸、期刊、电子、音像等各类出版产品的出口力度，推动新闻出版产品进入国际主流营销网络，影响国外主流人群。

(四)大力推动印刷服务"走出去"

鼓励印刷服务出口企业承接海外各种高端出版物、包装装潢印刷品、数字化出版印刷品和其他印刷品的印刷加工业务；扶持印刷企业与数字技术供应商联合开发数字化印刷包装流程管理系统，实现与境外委托客户的远程对接；支持印刷复制企业应用低碳科技，在国际市场上推广环保形象和绿色品牌，吸引境外委托客户。

(五)大力推动新闻出版企业"走出去"

重点扶持一批外向型骨干企业，通过独资、合资、合作等方式，到境外建社建站、办报办刊、开厂开店；鼓励有条件的新闻出版企业通过上市、参股、控股等多种方式，扩大境外投资，参与国际资本运营和国际企业管理；引导各类所有制企业有序到境外投资合作，提高国际化经营水平，防范和化解境外投资风险；营造良好环境，鼓励和支持各种所有制企业拓展新闻出版产品和服务出口业务，各种所有制企业均可从事国家法律法规允许经营的新闻出版产品和服务出口业务，并享有同等待遇。

(六)大力拓展"走出去"国际营销网络

积极实施"借船出海"战略，加强与全球性和区域性大型连锁书店的合作，进一步拓展国际主流营销渠道；整合和巩固现有海外华文出版物营销渠道；积极开拓网络书店等新型出版物销售渠道；大力实施本土化战略,积极利用海外资金、人才、管理经验等要素,拓展海外市场。

(七)大力构建"走出去"人才体系

以外向型的经营管理人才、版权贸易人才、专业技术人才、翻译人才的培养为重点,构建新闻出版业"走出去"人才培养体系。

(八)大力优化"走出去"格局

努力建立以发达国家、周边国家和地区为重点,以发展中国家为基础,以海外华文市场为依托的覆盖广泛、重点突出、层次分明的"走出去"新格局。

四、政策措施

(一)加大对"走出去"的财政投入

充分运用国家文化产业发展专项资金、国家文化出口重点企业和项目扶持资金、国家出版基金、民族文字出版专项资金,对符合条件的新闻出版企业通过银行贷款实施的"走出去"重点项目所发生的利息给予补贴;对符合条件的新闻出版企业以自有资金为主投资的"走出去"重点项目给予补助;对"走出去"重点企业按照出口实绩给予奖励;对"走出去"重点项目所必须的财产保险和出口信用保险费用,给予适当补助;对重点出版物的版权输出给予扶持;注意利用中央外贸发展基金、援外资金及中小企业国际市场开拓资金等有关资金扶持项目。

(二)加大"走出去"金融税收扶持力度

认真贯彻落实国家支持文化企业发展的相关金融税收政策,鼓励有条件的新闻出版企业用好用足贴息贷款等有关信贷产品;鼓励新闻出版企业与银行加强合作,争取更为灵活的服务于"走出去"的授信模式;鼓励列入国家文化出口重点企业和项目目录的新闻出版企业及项目积极利用出口信用保险服务及保险费补助,有效分散"走出去"的运作风险;对新闻出

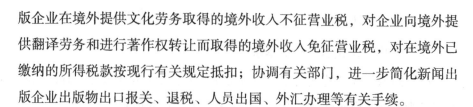

版企业在境外提供文化劳务取得的境外收入不征营业税，对企业向境外提供翻译劳务和进行著作权转让而取得的境外收入免征营业税，对在境外已缴纳的所得税款按现行有关规定抵扣；协调有关部门，进一步简化新闻出版企业出版物出口报关、退税、人员出国、外汇办理等有关手续。

(三)进一步优化"走出去"资源配置

对实现"走出去"新闻出版企业，在出版资源上给予优先配置和政策倾斜；支持出版集团公司和具有一定版权输出规模的出版社成立专门针对国外图书市场的出版企业，经批准可配备相应出版资源；支持创设完全外向型的外语类期刊；对列入"走出去"重点工程中的出版项目所需出版资源给予重点保障；对"走出去"成效显著的完全外向型的非公有制企业试点配置出版资源。

(四)大力实施"走出去"重点工程

重点实施"经典中国"国际出版工程、中国图书对外推广计划、数字出版产品"走出去"工程、中国出版物国际营销渠道拓展工程、重点新闻出版企业海外发展扶持工程，边疆地区新闻出版业"走出去"扶持计划、两岸出版交流合作项目等重大工程。在少数民族新闻出版"东风工程"中强化"走出去"资助项目；配合"汉语桥"工程，在欧美主流国家、周边国家及海外华人较集中的地区，重点推广对外汉语教材。

(五)强化"走出去"会展平台

努力打造北京国际图书博览会、重要国际书展中国主宾国活动等重点国际版权和实物交易平台；支持新闻出版企业参加法兰克福书展等国际大型展会和文化活动；推行国际书展承办权招、投标制；积极搭建以新疆、西藏、广西、云南、内蒙古等边疆省份为中心，辐射周边国家的新闻出版交易平台。

(六)加强"走出去"信息服务

以完善国际新闻出版资讯库为重点，强化对国际文化市场、主要国家文化政策和国际重点新闻出版企业的研究，强化对"走出去"投资风险和防范手段的研究；以信息共享、互联互通为重点，构建翻译人才库、版权交易信息库、重点项目库、中外作家库，搭建多语种的国家级"走出去"信息服务平台，为企业提供市场供求、版权贸易、政策咨询、法律服务、翻译服务等全方位信息服务。

(七)改进"走出去"统计指标体系

把数字出版产品出口、中外合作出版的产品、作者和民营策划公司向境外输出的版权、非国有文化企业在境外销售的产品，分别纳入新闻出版业"走出去"统计范畴。

(八)加快培育和发展"走出去"中介机构

充分发挥现有行业协会的作用，鼓励和支持企业在自愿基础上成立新闻出版产品和服务出口促进组织，加强行业自律，扩大对外宣传，维护企业权益，提供政策咨询和信息服务，帮助企业开拓海外市场；充分发挥投资促进机构、版权代理机构、人才培训机构、法律咨询机构、会展服务机构等社会中介组织的作用。

(九)加强新闻出版业"走出去"人才培养力度

大力实施"走出去"人才培养计划，建立"走出去"人才培训基地，丰富培训形式和培训手段；注重领军人物和各类高层次专门人才的培养，注重国外人才与"海归"人才的引进，注重发挥国外作者和翻译人才的作用；加强新闻出版系统人才交流合作，建立人才共享机制。

(十)完善"走出去"宣传表彰奖励机制

适时召开"走出去"总结表彰大会以及时总结和推广各地区、各单位、各部门在"走出去"方面的典型经验；进一步加大对中华图书特殊贡献奖等有关"走出去"奖项的奖励力度；对"走出去"的年度优秀出版物、重点出口企业及版权输出优秀单位和个人进行重点表彰、奖励。

(十一)加强"走出去"工作的组织领导

各级新闻出版行政主管部门要增强推动新闻出版业"走出去"的责任意识,明确新闻出版业"走出去"的领导机构和工作班子,负责指导、协调新闻出版业"走出去"工作;积极争取地方党委、政府的重视和支持,加强部门间的协调和沟通,确保本规划的各项目标、任务、措施落到实处。